ALEXANDER
WENDT

KRISTALL

EINE REISE IN DIE DROGENWELT
DES 21. JAHRHUNDERTS

TROPEN SACHBUCH

Tropen
www.tropen.de
© 2018 by J. G. Cotta'sche Buchhandlung
Nachfolger GmbH, gegr. 1659, Stuttgart
Alle Rechte vorbehalten
Printed in Germany
Cover: Zero Media GmbH, München
unter Verwendung eines Fotos von GettyImages /
Thorsten Gast / EyeEm
Gesetzt von C.H.Beck.Media.Solutions, Nördlingen
Gedruckt und gebunden von CPI – Clausen & Bosse, Leck
ISBN 978-3-608-50353-1

Bibliografische Information der Deutschen Nationalbibliothek
Die Deutsche Nationalbibliothek verzeichnet diese Publikation in
der Deutschen Nationalbibliografie; detaillierte bibliografische
Daten sind im Internet über http://dnb.d-nb.de abrufbar.

INHALT

1

UNSER RAUSCH

WARUM WIR VON DROGEN
NICHT LOSKOMMEN

Jeder Drogenkonsum beruht auf einem Gegengeschäft. Wer sich darauf einlässt, der bietet eine selbstverständliche Funktion seines Körpers – vorausgesetzt alles dort befindet sich im guten Zustand –, um eine außergewöhnliche Fähigkeit einzutauschen. Ein gutes Hautbild beispielsweise kann zum Tauschobjekt werden, eine unproblematische Leberfunktion, ein zuverlässiges Gedächtnis. Möglicherweise auch Lebenszeit. Unter Umständen das Leben selbst.

Derjenige, der sich auf den Tausch einlässt, verliert nicht immer. Aber wer Handel treibt, muss bereit sein, sich von etwas zu trennen, was ihm teuer ist. Im Gegenzug bekommt er etwas Großartiges: die Fähigkeit, über die Grenze des Normalbewusstseins zu treten. Einen Halbgottstatus ohne Müdigkeit, Hunger, Schmerz und Kränkung. Wer Drogen nimmt, der tritt als größerer, freierer, fähigerer Avatar seiner eigenen Person aus sich heraus. Es handelt sich um Geben und Nehmen, mal mit Gewinn, mal mit Verlust, aber immer ohne Chance, das Geschäft wieder auf null zu stellen.

Unversehrtheit geben, Fähigkeiten im Gegenzug erhalten,

das bildet den Kern etlicher sehr alter Erzählungen. Teiresias wechselt sein Geschlecht und verrät unvorsichtigerweise seine Beobachtungen, die er dabei macht. Das kostet ihn zur Strafe sein Augenlicht. Zum Ausgleich bekommt er prophetische Fähigkeiten.

Odin opfert ein Auge – immerhin nur eins –, um sich Welterkenntnis zu verschaffen.

Als Kind springt der mit phantastischen Kräften ausgestattete indische Affengott Hanuman von der Erde zur Sonne, verbrennt in ihrer Nähe zu Asche, die Asche regnet auf Kontinente und Ozeane herab. Verwandte Götter sammeln seine Überreste auf, einer fügt sie wieder zu einem lebendigen Wesen zusammen. Aber trotz des großen Aufgebots der Mächte gelingt es nicht, einen Teil seines Kieferknochens wiederzufinden. Hanuman zahlt also im Nachhinein für seinen kosmischen Flug doppelt; einmal mit einem Akt der Selbstverbrennung, und nach seiner Auferstehung, die er einem Akt kollegialer Freundlichkeit verdankt, mit einem Stück seines Körpers.

Eine Erzählung mit einem besonders luziden Blick auf kommende Jahrhunderte gibt es über Li Tieguai, einen der acht Unsterblichen im daoistischen Pantheon. Als Schüler von Laotse verdient er sich durch seine Tugendhaftigkeit die Anerkennung seines Lehrers, der ihn mit einer weißen Pille belohnt. Sie nimmt ihm für immer das Hungergefühl und garantiert ihm ewige Gesundheit. Eine zweite Pille aus der Hand des Meisters schenkt ihm die Fähigkeit, schnell durch die Lüfte zu fliegen. Dafür zahlt er seinen Preis buchstäblich mit Haut und Haaren. Li begibt sich auf eine Reise zu anderen Unsterblichen, um mit ihnen eine Art Symposium im Himmel abzuhalten. Zu diesem Zweck fliegt der Meister nur als Seele oder als Energie oder als reines Netz seiner Gedanken – wie immer man Körperlosigkeit sehen möchte. Die Hülle gibt er in die Obhut seines Schülers Li Quing. Ihm schärft er ein, sie sieben Tage zu bewachen, sie aber zu verbrennen für den Fall, dass er nach Ablauf der Frist nicht zurückkehren sollte. Nach sechseinhalb Tagen erhält Li Quing die Nachricht, seine Mutter liege im Sterben, er eilt zu ihr und äschert Li Tieguais irdischen Teil vorzeitig ein. Dem pünktlich zurückgekehrten Meister bleibt nur ein Weg, um als Mensch weiterzuleben, er fährt in den Körper eines verkrüppelten Bettlers, der gerade vor seinem Haus an Hunger stirbt. In dieser Gestalt muss er bleiben, aus ihm wird der Schutzpatron der Armen und Siechen, ausgerüstet mit seinem Wissen und einer eisernen Krücke, an der ihn fortan jeder erkennt.

Die Präzision dieser Sage ist beachtlich, nicht nur, weil eine weiße Pille in einer Erzählung aus dem 13. oder 14. Jahrhundert extrem futuristisch wirkt. Der Legende nach lebte Li Tieguai in der Yuan-Dynastie, die von 1271 bis 1368 dauerte. Die Stoffe aus Laotses Drogenkästchen wirken exakt so wie Opioide (Opiumtinktur gab es in China schon zu Lis Zeiten) und Jahrhunderte später Amphetamine. Sie unterdrücken Hunger und Schmerz, sie geben dem Benutzer das Gefühl der Unverwundbarkeit, im Gehirn entsteht bisweilen das Gefühl, fliegen und außerhalb seines Körpers reisen zu können.

Auf der einen Seite die Freiheit, als Halbgott zu leben, auf der anderen die Verkrüppelung des Körpers – eine bessere Geschichte des Tauschs lässt sich unter den Legenden kaum finden. All diesen alten Erzählungen ist eins gemeinsam, nämlich die nirgends in Frage gestellte Bedingung, dass jemand zahlen muss, wenn er sich über seine physische Grenze bewegen will.

Der Erwerb außergewöhnlicher weltlicher Fähigkeiten beruht übrigens auf dem gleichen Prinzip. Peter Schlemihl muss seinen Schatten geben, um grenzenlosen Reichtum zu erhalten, Timm Thaler sein Lachen für die Garantie, jede Wette zu gewinnen. In jedem Fall bieten keine Menschen den Tausch an, sondern fallweise Götter oder der Teufel.

Unter den mythologischen Schichten aus Griechenland bis China steckt eine grundsätzliche Frage: Könnte es sein, dass die Wünsche nach Freiheit von Beschränkungen wie Schmerz, nach Unverwundbarkeit, nach dem Herumspielen an der eigenen Standardeinstellung so ursprünglich und elementar sind, dass Narkotika zum Gehirn also passen wie ein Schlüssel zum Schloss? Dass Menschen und Drogen ein System bilden?

Es fällt schwer, im Tausch des heilen Zustands gegen ein Feuerwerk der extraordinären Erlebnisse nicht ein universelles Prinzip zu erkennen. Der symbolische Tausch findet sich bei den meisten Naturvölkern und in allen Hochkulturen. Können Menschen – als Spezies, nicht als Einzelne – dem Geschäft überhaupt ausweichen? Fast überall auf der Erde wachsen Pflanzen mit alkaloidreichen Wurzeln, Blüten voller Opiate, psychedelische Pilze, Blätter wie die des Kath-Strauchs, die nur noch gezupft und gekaut werden müssen. Ein Hieb in Palmenblütenstände, und der Urstoff des Palmweins fließt.

Drogen fliegen den Menschen seit Tausenden Jahren *in den Mund* wie die gebratenen Tauben auf Schlaraffenlandbildern. Unter den Inuit, die in ihrem eisigen Gebiet keine passenden Pflanzen finden, bleiben Rauschwillige lange ohne Schlaf, um sich in eine Hypomanie zu versetzen. Andere fasten, um ihr Gehirn in Hungerhalluzinationen zu treiben.

Rausch ist ein Mittel, um das eigene Gehirn zu befingern. Die Lust daran wirkt nicht auf alle, aber auf viele so unwiderstehlich wie die, seinen eigenen Körper zu berühren. Mit den gerauchten, geschluckten, gekauten, geschnieften Substanzen wächst Menschen eine dritte Hand. Es ist eine fahrige und oft zerstörerisch im Inneren herumfingernde Hand, was an der Lust, es trotzdem zu tun, seit Jahrtausenden nichts ändert. Für dieses Erlebnis ruinieren Menschen in vielen Fällen ihren Körper und ihre Finanzen, nehmen Strafen auf sich und unterziehen sich Ritualen, die ihnen unter anderen Umständen bizarr und abstoßend vorkämen. Bei den Tataren, berichtet der Weltreisende Oliver Goldsmith um 1760, sei ein Gebräu aus psychoaktiven Pilzen so begehrt – dadurch allerdings auch ein Luxusgut –, dass die Angehörigen der unteren Schichten ohne zu zögern den Urin der Berauschten trinken würden. »Die Ärmeren, die das Pilzgebräu so lieben wie die Reichen, es sich aber aus erster Hand nicht leisten können, postieren sich bei diesen Gelegenheiten [den Festivitäten der Oberschicht] rund um die Hütten der Reichen und warten auf die Gelegenheit, da die Herren und Damen sich ihrer Flüssigkeit entledigen, sie halten hölzerne Schüsseln hin, um die köstliche Substanz aufzufangen, welche sich durch die Filtration kaum geändert hat.«[1]

Das Bedürfnis, den eigenen Zustand zu ändern, gehört zu den menschlichen Grundkonstanten, aber es reicht viel weiter zurück, weit hinter den Übergang zwischen Tier und

Frühmensch. Der Rausch im Tierreich kommt noch nicht einmal selten vor. Das in Ostasien lebende Federschwanz-Spitzhörnchen etwa betrinkt sich jede Nacht mit dem fermentierten Blütennektar der Bertram-Palme. Allerdings verarbeitet sein evolutionär perfektionierter Körper den Alkohol anders als der menschliche Organismus, nämlich sanfter, anderenfalls würde *Ptilocerus lowii* seine bis zu 3,8 Promille am Ende eines Streifzugs nicht überleben. Mit einem gesuchten Rausch – also einer Wahl – hat die Spezialernährung des Hörnchens noch nichts zu tun. Der absichtliche Drogengebrauch beginnt erst bei Affen. In der Karibik macht sich die aus Afrika eingeschleppte südliche Grünmeerkatze gern über angegorenes Zuckerrohr her, das in ihrer ursprünglichen Heimat nicht zum Nahrungsangebot gehört hatte.

Michael Huffman, Biologe am Primatenforschungsinstitut der Universität Kyoto, veröffentlichte im Jahr 2002 in *African Studies Monographs* eine bemerkenswerte Beobachtung. Nach seiner Beschreibung fressen Gorillas und Schimpansen in Äquatorial-Guinea, Guinea und Gabun die Wurzeln des Niandostrauchs, *Alchornea floribunda*, in denen sich psychoaktive Alkaloide finden. Einheimische in Westafrika nennen den Strauch Alan, sie versichern, so Huffman, dass sie sich seine Verwendung als Rauschmittel ursprünglich von Affen abgeschaut hätten. Alkaloide der *Alchornea floribunda* erzeugen Halluzinationen, machen euphorisch und regen die sexuelle Lust an, die Wirkung endet gelegentlich in depressiver Stimmung. Beim Volk der Fang spielt Alan eine zentrale Rolle in ihrem Byeri-Kult[2], einem spirituellen System der Ahnenverehrung. Anders als Primaten verzehren sie die Wurzel des Alan-Strauchs nicht roh, sie trocknen und zermahlen Holz und Rinde. Hauptsächlich benutzen sie das Substrat in ihrem Initiationsritus. Jugendliche erhalten Alan, dann zeigen ihnen Erwachsene die Schädel ihrer Vorfahren, mit denen sie Verbindung aufnehmen sollen. *Akwia nlo* heißt der Vorgang nach den Notizen des amerikanischen Ethnologen James W. Fernandez, »den Kopf aufbrechen«.

Was sich aus seiner Sicht im Gehirn eines Menschenaffen unter dem Einfluss von *Alchornea floribunda* abspielt, bleibt eine unbeantwortete Frage. Aber die Tatsache, dass Drogengebrauch nicht erst mit dem *Homo sapiens* beginnt, gehört zu den interessantesten Punkten für alle Verteidiger des Rauschbedürfnisses. Es gibt ein apokryphes Buch, eher eine Broschüre, das Naturbeobachtungen versammelt, um damit indirekt auch etwas über die Menschen zu sagen, Giorgio Samorinis Werk *Animals and Psychedelics: The Natural World an the Instinct to Alter Conciousness*. Das programmatische Vorwort dazu stammt von einem Rob Montgomery, der sich nicht mit Wissenschaft im strengen Sinn befasste, sondern bis 2016 einen Versandhandel mit exotischen Pflanzen und Samen in Sebastopol, Kalifornien, unter dem schönen Motto »Botany & Chemistry« betrieb: »Indem wir das nach Drogen suchende Verhalten von Tieren studieren, können wir Antworten finden, die ein paralleles menschliches Verhalten erklären«, schreibt Montgomery. »Vielleicht ist dann das Problem der problematischen Drogen am Ende kein Problem mehr.«

Allerdings, jedes tiefe Verhaltensmuster stellt ein Problem dar, πρόβλημα, zu Deutsch »das Vorgelegte«, also eine Angelegenheit, die sich nicht einfach beiseite schieben lässt. Erst

recht, wenn das Problem schon in der Matrix unserer Vorfahren stecken sollte. Wenn zur Programmierung des Menschen von Anfang an das Bedürfnis nach bewusster Bewusstseinsänderung gehört, dann lässt es sich möglicherweise formen. Aber nie mehr ausradieren.

2
NIE WIEDER SCHLAFEN

PILOTENSTOFF

All you love is need
TOILETTENTÜRINSCHRIFT

Unvorsichtigerweise hatte der Junge vergessen, die Toilettentür von innen zu verriegeln. Er hockte nicht auf dem Becken, sondern kniete davor, vor sich auf dem geschlossenen Deckel eine Art Puppenstubeninventar. Mit der Ruhe eines Handwerkers bei der Arbeit taxierte er mich, dann sagte er einen nach beiden Richtungen auslegbaren Satz. »Kannste mal die Tür zumachen?« Ich schloss sie von innen und drehte am Verriegelungsknopf (kaputt, da lag das Problem), aber oben gab es noch einen einfachen Metallriegel. Zack. Von da an war ich Beobachter.

Nicht direkt auf dem Deckel, sondern auf seinem untergelegten Parka befanden sich ein Minispiegel, ein Röhrchen, eine kleine Plastikspritze ohne Nadel, zwei Fläschchen mit Pipette, ein Lederetui in Handtellergröße. Außerdem ein Thermosbecher.

»Willste was abhaben?«

»Nein«, sagte ich. »Einfach zugucken.« Mich interessierte der technische Aspekt. Natürlich sagte ich nicht, »mich interessiert der technische Aspekt, ich habe gerade mehrere Bier intus und zwei Psychopillen, über illegale Drogen weiß ich aber praktisch nichts, deshalb hege ich schon länger den Wunsch zu erfahren, warum sich andere so gern Drogen einpfeifen und wie, ich bin eine Art sozialer Spanner«, denn Erklärungen hätten meinen Gastgeber völlig zu Recht genervt. Er konzentrierte sich schon wieder auf seine Handgriffe. Mich hielt er zu Recht für harmlos.

Mit einer Klinge von Daumennagelgröße schabte er einen Kristall auf dem Spiegel klein, zerhackte die Stücke in mehreren Schritten weiter und schob sie zu einer Linie. Das feine Salz wiederum bugsierte er mit beachtlicher Feinmotorik in die Öffnung seiner Spielzeugspritze. Nichts von dem, was er tat, hätte ich auch nur ungefähr voraussagen können. Jetzt kam der Thermosbecher an die Reihe, er schraubte ihn auf, goss Wasser in den Becher, das noch dampfte, die pulvergefüllte Spritze lag vor ihm. Zum ersten Mal sah er mich gründlich an.

»Wenn de schon da bist, dann hilf mir mal. Halte den Becher mit dem Wasser schräg.«

Langsam zog er den Kolben der Spritze auf, dann schüttelte er sein Instrument, damit sich das Pulver im Wasser auflöste.

Übrigens handelte es sich gar nicht um einen Jungen, sondern um einen Mann Mitte 40 mit zwei tiefen Falten rechts und links vom Mund, das konnte ich erst jetzt sehen, da sein Gesicht nicht mehr im Schatten seines Basecapschildes lag. Allerdings war sein Körper jungenhaft schlank.

»So«, sagte er. »Jetzt drehste dich mal um.«

»Wohin spritzt du dir das Zeug?«

»Hinten rein.«

Ein Teil der Party fand jetzt vorübergehend in dem ge-kachelten Raum statt. Den Stimmen nach sammelten sich draußen Männer und Frauen, im Schnitt alle zehn Sekunden rüttelten Leute an der Tür, jemand schrie »Fickt schneller«, dann verschwand die Meute wieder. Ich drehte mich um, der Mann zog sich gerade die Jeans hoch, kniete sich hin, beugte seinen Oberkörper nach vorn und reckte seinen Hintern hoch wie ein betender Muslim. Anschließend schniefte er noch ein bisschen grünen Staub, den er vorher aus einem Röhrchen auf den Spiegel geschüttet hatte. Dann packte er zusammen. Alles passte in einen Beutel, den er in seinem Rucksack verstaute.

»So«, sagte er noch einmal. Fertig für den Abend.

Hinten im Raucherraum – eine Glastür dämpfte die Musik halbwegs – schrie er mir ins Ohr, er sei jetzt druff beziehungs-weise, er sei schon vorher druff gewesen – was seine Toleranz für meinen Spannerbesuch erklärte –, deswegen müsse ich ihm jetzt eine Fanta und ein großes Wasser kaufen, weil, nie solle ich Alkohol trinken, wenn ich so etwas wie er intus habe. Ganz klar, er sah mich als Novizen. Nachdem er Fanta und Wasser gekippt hatte, folgte ein längerer Laberflash.

Tobi, so hieß er nach eigenen Angaben, erklärte mir sein üb-liches Wochenendprogramm. Am Freitagnachmittag duscht er sich, rasiert sich am ganzen Körper, packt Kondome ein und achtet darauf, genügend zu essen, denn er weiß, dass er die nächsten 72 Stunden kaum Hunger spüren wird, aber nicht kollabieren darf, denn ab Montag muss er wieder in der IT-Branche Geld verdienen. Er drückt sich seine Portion Crystal Meth beziehungsweise Kristel oder T wie Tina meist in das Rektum, weil es die große Schleimhaut dort beson-ders gut aufnimmt. Dazu schnupft er in der Regel E, also Ecstasy (das grüne Pulver), um die Wirkung von T weicher zu machen. Alles in allem kostet ihn der Stoff deutlich weniger als die Drinks an der Bar, mit denen sich die anderen vergnügen. Sein Ziel besteht darin, drei Tage lang jeweils bis zum Vormittag in Clubs zu feiern und dort oder zwischendurch in Wohnungspartys Sex zu haben, jedenfalls aber ohne Schlaf auszukommen. Das Amphetamin unterdrückt nicht nur Müdigkeit und Hunger, sondern auch Schmerzen. Wichtig ist nur, während der drei Tage ausreichend Wasser zu trinken. Wenn er die drei Partynächte inklusive Sex erlebt, geht es für ihn vor allem um das Durchhalten mit der Energie der 20-Jährigen im Club. Er nimmt es also aus ähnlichen Gründen wie Piloten der Reichsluftwaffe Pervitin genommen hatten, den dünnen, vergleichsweise harmlosen Vorläufer von Crystal Meth.

»Du kannst Crystal also empfehlen?«

»Was?«

»Em-pfeh-len.«

»Lass da bloß die Finger von. Ich hab das letzte Mal zwei Tage gebraucht, damit ich wieder klar im Kopf werde.«

»Was passiert dann mit dir?«

»Wenn ich einen Satz sage, weiß ich ab und zu am Ende nicht mehr, was ich am Anfang gesagt hatte. Außerdem zieht's dich am Ende runter.«

»Wie bei einer Depression?«

»Wenn du depressiv bist, musst du aufpassen.«

Er meint, in Kombination mit E sei das aber nicht weiter schlimm. Alles in allem würde Speed bei ihm am besten funktionieren. Es hält, sagt er, genauso gut wach wie Crystal, er kommt aber sanfter runter. Zur endgültigen Beruhigung raucht er am dritten Drogentag einen Joint. Manche

Ungeübte und Trottel würden gleichzeitig Gras rauchen und Speed nehmen. »Da kannst du das Speed auch gleich ins Klo werfen.«

Ansonsten gebe es nicht viel falsch zu machen. Nur eben reichlich Wasser trinken. Auf keinen Fall Alkohol. Zwischen den Einwurfzeiten, also den Wochenenden, clean bleiben.

Während er redet, nimmt Tobi sein Lederetui wieder aus dem Rucksack, um die millimetergroße weiße Maske eines grinsenden Chinesen hervorzukramen.

»Sieht aus wie eine Elfenbeinschnitzerei«, sagte ich. »Eine Kamee.«

»Das«, sagte er, »ist E. Und du bist'n Pfadfinder.«

»Was heißt das?«

»So brav. Lass die Finger weg davon.«

In Tobi arbeitet der reine Stoff aus Tschechien. Natürlich weiß er, dass die Droge ihm später das Kurzzeitgedächtnis zerschießen kann. Haut und Zähne leiden möglicherweise auf Dauer mehr als bei anderen Mittvierzigern. Aber gerade deshalb gilt es ja, sich zu sputen und das Wochenende bis Montagmorgen auszunutzen.

Wie Crystal Meth aussieht, wusste ich schon vorher. Die ersten Kristalle, die ich sah, lagen auf einem Resopaltisch in der Drogenfahndungsabteilung im sächsischen Landeskriminalamt. Neben dem offenen Haufen von einem halben Kilo drei gefüllte Plastiktütchen mit ungefähr der gleichen Menge. Der Beamte erlaubte mir, daran zu riechen. Über den Kristallen schwebte ein Duft von Toilettenseife, aber auch von Lösungsmitteln und dünner zitroniger Säure. Ihre Farbe entspricht ziemlich genau der von Urinflecken im Schnee.

»Wie viel ist das wert?«

»In Berlin 150 000 Euro«, sagte der Polizist. »Ungefähr.«

Eine Jahresproduktion der tschechischen Crystal-Industrie macht nach sehr vagen Schätzungen der Beamten etwa fünf Tonnen aus. Die Zivilpolizisten an der Grenze fischen jährlich eher eine symbolische und von den Großhändlern einkalkulierte Menge von ein paar Dutzend Kilo ab.

Ich erwähne den Punkt, dass sich Politiker in der EU darauf geeinigt hätten, den legalen Ausgangsstoff Chlorephedrin besser zu kontrollieren.

»Ach.« Der LKA-Mann winkt ab. Ephedrin komme längst aus Asien nach Tschechien, wahrscheinlich aus China. Lithium, das die Köche zum chemischen Reduzieren des Ephedrins brauchen, sei sowieso Teil des Warenkreiskaufs. Es stecke in jedem Lithium-Akku. Für eine Jahresmenge von fünf Tonnen bräuchten alle Kleinfabriken zusammen keine Riesenmengen an Zulieferung: »Im Prinzip genügen da zwei, drei Container.« Die Besonderheit des Stoffs liegt in seiner sehr einfachen und billigen Herstellung, die tatsächlich in der Küche von Walter White und jedem anderen improvisierten Heimlabor funktioniert. Bei Ephedrin handelt es sich um ein weitverbreitetes Arzneimittel gegen Erkältung, das überall rezeptfrei erhältlich ist. Von Methamphetamin unterscheidet es sich chemisch nur durch eine einzige OH-Gruppe, die der Meth-Koch durch das ebenfalls preisgünstige Lithium abtrennt. Es entsteht mit kleinem finanziellen Aufwand $C10H15N$, die lebensverändernde Substanz.

Einem typischen Wochenendschnüffler wie Tobi würden die anderthalb Kilo auf dem LKA-Tisch möglicherweise bis ans Lebensende reichen, selbst wenn er bei Methgebrauch alt werden sollte, was durchaus möglich ist. Methamphetamin führt nicht zwingend zum Verfall. Süchtige, meint einer der Fahnder, erkenne man nicht ohne weiteres. Trotzdem, sagt einer der Drogenfahnder, fielen ihm an der Grenze zu Tschechien ab und zu Schmuggler auf, die fast alle ihr Zeug auch selbst schniefen würden, beziehungsweise eher umgekehrt, sie würden meist erst süchtig und irgendwann fingen sie an, ihre Einkäufe durch Dealen zu finanzieren.

»Woran erkennen Sie die Leute?«

Dafür gebe es kein System, nur einen Instinkt. »Manchmal am Gesichtsausdruck. Bei Körperschmugglern an der Art, wie sie sich bewegen.« Körperschmuggler, erklärt er mir, nennen sie Händler, die ihre Päckchen auf die Haut kleben oder im Anus tragen. Das seien allerdings Amateure. »Die Professionellen bringen eine kleine Box mit Magneten und einem GPS-Sender unter den Autos von Grenztouristen an.«

In der Polizeipraxis spielt vor allem die Schmerzunempfindlichkeit von Süchtigen bei der Festnahme eine Rolle. »Wenn wir Leute in den Polizeigriff nehmen, dann laufen normale Leute schon in die richtige Richtung, weil das Gelenk gehebelt wird«, sagt der Fahnder. »Ein Crystal-User, der richtig drauf ist, lässt sich manchmal eher den Arm brechen. Der merkt das gar nicht.« Unter Drogenpolizisten kursiert die Geschichte eines Jungen aus Sachsen, der unter Crystal aus Angst vor halluzinierten Verfolgern aus dem Fenster sprang, mit multiplen Frakturen eingegipst wurde und ein paar Tage später wieder den gleichen Weg nach draußen nahm, dieses Mal mit Gips. Von dieser Szene gibt es keine Videoaufnahme. Aber wenn, dann hätte sie mit Sicherheit eine größere Wirkung als die Vorher-Nachher-Schockbilder im Netz.

Niemand unter den Profis, die sich mit Crystal beschäftigen, findet die Polizeifotos aus den USA hilfreich, die nebeneinander erst einigermaßen gesunde Leute zeigen, daneben die Bilder der gleichen Person nach Meth-Konsum mit Flecken im Gesicht, grauer eingefallener Haut und irrem Blick. Im Gegenteil, alle Drogenfahnder, Ärzte und Therapeuten, denen ich bei meinen Recherchen begegnet bin, halten die Fotoserie sogar für schädlich. Denn so sehen die meisten User nicht aus. Wenn Jugendliche den Unterschied zwischen Schockbildern und ihren Freunden und sich selbst sehen, meinen die Experten unisono, dann ziehen sie eher den Schluss daraus, dass ihnen der Stoff wahrscheinlich gar nicht schadet. Natürlich gibt es diese Drogenruinen von der Sorte, wie sie vor Jahren noch mit Heroinspritze vor dem Hamburger Hauptbahnhof in ihrer eigenen Pisse saßen. Aber vor allem verfallen diejenigen Crystal-Benutzer körperlich, die ihren Stoff verflüssigen und injizieren – was in Deutschland unüblich ist, dort schniefen ihn fast alle. Ihre Infektionen, Ödeme und Abszesse, das betonen Suchtmediziner immer wieder, stammen von verdreckten Nadeln, nicht vom Methamphetamin selbst. In den USA und anderen Ländern rutschen Süchtige außerdem schnell aus ihrem bürgerlichen Leben, sobald sie ihren Job verlieren. Der Blick, die schmutzigen Haare, die verschorfte Haut auf den Fotos sagen also eher etwas über Obdachlosigkeit als den Drogenkonsum aus. In Deutschland bekommt bisher jeder, der will, innerhalb von Wochen einen Entgiftungsplatz in einer Klinik und eine Therapie mit dem Ziel, clean zu werden.

Wer wie Tobi Geld verdient, in Schöneberg wohnt und nur Treibstoff von Freitag bis Montag zieht, der kann das jahrelang ohne offensichtliche Schäden tun. Zwar vermuten

Mediziner, dass Meth bei langem Gebrauch die Wahrschein-
lichkeit für Alzheimer erhöht. Aber wirklich wissen können
sie das vielleicht um das Jahr 2030.

Den ersten ehemaligen Langzeitkonsumenten mit abge-
schlossener Crystal-Karriere traf ich im Entzugszentrum
Alte Flugschule in Großrückerswalde, einem Dorf im Erzgebirge, nur wenige Kilometer vor der Grenze nach Tschechien. In den Ort gelangt man nur mit dem Auto über
schmale Straßen, vorbei an Orientierungsmarken, die wie
ausgedacht klingen, vorbei an einem Venusberg und durch
ein anderes Dorf namens Heinzebank. Das Erzgebirge bildet
eine Art autonome Bergrepublik. Seine Einwohner sprechen
einen Dialekt, der dem normalen Sächsisch nur entfernt
ähnelt. Sie stehen im Ruf, das schönste Holzspielzeug
Deutschlands herzustellen. Zu Weihnachten verzehren tra-
ditionsbewusste Einheimische nicht Gans oder Ente, sondern Neinerlaa, ein Menü aus neun sehr einfachen Bestand-
teilen wie Sauerkraut und Linsen, wobei jeder Gang eine
alltagsmagische Bedeutung für das kommende Jahr besitzt.
Obwohl evangelisch, feiern die Kirchgänger in manchen Or-
ten Mariä Lichtmess mit Umzügen.

Die Gegend gehört zu den Hauptverbreitungsgebieten
von Crystal Meth in Deutschland, und das seit Jahrzehnten.
Der Stoff, das versichern alle Drogenhelfer und Ex-Süchti-
gen, lässt sich hier mindestens genauso leicht beschaffen wie
in Berlin. Außerdem ist er wegen der Nähe zu den Drogen-
fabriken auf der anderen Grenzseite selbst für Provinzver-
hältnisse billig, um die 60 Euro pro Gramm, wobei eine Na-
seneinheit zwischen 0,1 und 0,5 Gramm liegt.

Die Alte Flugschule steht auf einer Anhöhe, dem Hänelberg. Wer den Weg nicht kennt, verpasst die Auffahrt leicht. Um genau zu sein, handelt es sich bei dem Gebäude um eine ehemalige Segelflugschule von 1935. Heute bringen Therapeuten hier jeweils frisch entgifteten Leuten bei, ohne chemische Helfer auszukommen.

Uwe Wicha, der das Haus leitet, stammt nicht von hier, sondern aus dem Sauerland. Die Klinik betreibt er als Unternehmer.

»Warum Großrückerswalde?«

»Erstens«, sagt Wicha, »stand das Gebäude zum Verkauf.« Dann gebe es hier eben auffallend viele Süchtige. Etwa 80 Prozent seiner Patienten hätten Crystal als Haupt- oder Nebendroge genommen, bevor sie zu ihm kamen. Und drittens sei der Ort sehr abgelegen, also günstig für den Betriebszweck. »Um die Ecke, in Annaberg-Buchholz, kann jeder problemlos Meth kaufen. Aber von hier kommt man ohne Auto kaum weg.«

Seine 60 Therapieplätze sind fast immer ausgebucht. Ein Sechsmonatsaufenthalt zur Stabilisierung kostet etwa 25 000 Euro. Viele brauchen drei bis vier Durchgänge, um clean zu bleiben.

Für eines der größten Probleme mit der Droge hält Wicha die extrem hohe Wirkstoffkonzentration. »Die liegt um ein Vielfaches höher als bei den Pervitintabletten der Wehrmacht. Hätten die Flieger damals unser Crystal genommen, sie wären wach nach Amerika geflogen und wieder zurück.« Eine zweite Nebenwirkung neben Euphorie und Wachheit, die Methamphetamin für viele User interessant mache, sei die Unterdrückung des Hungergefühls. Der Stoff hält schlank oder hilft beim Schlankwerden. Deshalb würden ihn auch junge Frauen vor oder nach der Geburt nehmen, oder in beiden Phasen, um die übliche Gewichtszunahme zu vermeiden.

Am Markt für Meth fällt die gut organisierte Wertschöpfungskette auf, von den Ephedrinlieferanten über die Herstellungslabors bis zu den Anstalten und Therapiestellen, in denen die Gehirne der Schniefer neu verdrahtet werden. Und das alles ohne Kartelle wie in Südamerika, ohne Paramilitärs, sondern fast durchgehend solide mittelständisch und effizient wie der Stoff selbst.

Wir hatten verabredet, dass ich mit einem Ex-Junkie sprechen kann. Er würde schon oben in seinem Zimmer warten.

»Ist er ein besonderer Patient? Besonders gut therapiert?«

Ja, antwortete Wicha, bei dem sei alles optimal gelaufen, deshalb hätte er ihn auch ausgesucht.

»Wissen Sie, es nutzt Ihnen ja nichts, wenn Sie mit jemand reden, der kaputt ist.«

Jan, der auf seinem Bett sitzt, sieht so gut aus, dass er sich als Model für eine Pro-Crystal-Kampagne geeignet hätte. Kurze Haare, flaches, symmetrisches Gesicht, weiße gerade Zähne, ein nicht übertrieben muskulöser, aber kräftiger Oberkörper. Er trägt Jeans und ein Sweatshirt mit hochgeschobenen Ärmeln. Sein Zimmer wirkt eher wie der Raum einer Jugendherberge. Das kommt den meisten Patienten entgegen; viele sind noch unter 20.

Nach einer bayerischen Untersuchung ist der typische Provinzkonsument von Crystal Meth 28, männlich, arbeitssuchend oder gewerblich tätig. Jan passt fast perfekt in das Muster, er ist 24, ehemaliger Bauarbeiter aus Leipzig. Für die Zeit nach der Klinik wünscht sich wieder einen ähnlichen Job.

»Warum sind deine Zähne so gut?«

»Hab halt Glück gehabt.«

Er sei eben nicht so anfällig, sagte er, außerdem habe er die beiden typischen Fehler vermieden. »Ich hab Meth nie gespritzt, und ich hab es nie mit Speed oder Alkohol und allem Möglichen genommen. Wer spritzt, der kann schnell kaputtgehen. Manche hauen sich alles durcheinander 'rein, zwischendurch auch Aetsch.« Also Heroin.

Für ihn, erzählt Jan, sei es mit 16, 17 in Leipzig so gelaufen wie für viele andere auch in seiner Umgebung. Ein paar Mal auf Partys Crystal probiert (er spricht es wie viele andere »Kristel«, als ginge es um eine Ex-Freundin). Nach sehr kurzer Zeit entdeckte er die Möglichkeit, erst am Wochenende und dann auch unter der Woche zum Rave zu gehen und dann wieder auf das Gerüst zu steigen. Dann nahm er mehr, wegen der langen Wachphasen kam ihm das Zeitgefühl durcheinander. Dadurch verlor er den Job auf dem Bau. Also begann er zur Lebensfinanzierung mit Dealen. »In Leipzig«, sagt er, »hatte ich nie ein Problem, auch an größere Portionen zu kommen. Wenn du gut verhandelst, kriegst du ein Gramm für 40 Euro. Das verkaufst du für 80 und in Berlin für 100.« Weil jetzt ständig eine größere Tüte bei ihm herumlag, legte er von da an auch ständig nach. Ihm hätten Arbeitslosengeld und dann Harz IV zugestanden, aber unter den Umständen von Vertriebsaktivitäten, Extremwachbleiben und Komaschlaf schaffte er es nicht mehr, den Behördenkram zu erledigen. Das Meth drückte die Hungergefühle tagelang weg, er aß also sehr wenig, manchmal mehrere Tage gar nichts. Da er zur Bargeldwirtschaft übergegangen war und Mahnbriefe liegenließ, schalteten ihm die Stadtwerke den Strom ab, er saß mit einer Kerze in seiner verdreckten

Wohnung und merkte, obwohl die Synapsen in seinem Kopf nicht mehr richtig arbeiteten, dass er an einen Endpunkt gekommen war. Seine Mutter habe ihn in diesem Zustand gefunden und in die Klinik zum Entgiften gefahren.

»Ich wog da noch 55 Kilo. Wenn meine Mutter mit mir geredet hat, wusste ich am Ende vom Satz nicht mehr, was sie am Anfang gesagt hatte.« Nach der Entgiftung kehrte er noch einmal zu Kristel zurück, machte eine zweite Entgiftung, dann ging er in die Alte Flugschule.

Ihn erstaunt es selbst, wie schnell sich sein Bauarbeiterkörper wieder aufbaute, mit ausgeprägten Unterarmen und Oberschenkeln, die sich unter seinen ziemlich weiten Jeans abzeichnen. Vielleicht ist die Muskulatur tatsächlich in den Körper einprogrammiert, zumindest in diesem Alter.

Wie viel Glück er hatte, lässt sich an der Nebenwirkungsliste von Meth ablesen. Zu ihr gehören Nierenschäden, Magenschäden, manchmal Magendurchbrüche, Erinnerungsstörungen, Depressionen, Trübung der Augen, die manchmal noch lange nach dem Entzug andauert, ab und zu auch vorübergehende Blindheit. Dem Sänger Rufus Wainwright ging es in den Neunzigern für kurze Zeit so, als er in New York zur Meth-Szene stieß; in seinem Song »Sanssouci« kommen die Zeilen vor: »The boys who make me lose my blues/ and then my eyesight.«

Zu den klassischen Konsequenzen gehört die starke Abmagerung. Auch dafür lieben die User, wie gesagt, ihren Stoff. Ein Drogenhilfeprojekt in Leipzig wendet sich speziell an junge Mütter, die Metamphetamin während und nach der Schwangerschaft als Schlankmacher konsumieren. Leider bringen sie dann süchtige Kinder zur Welt.

Jan weiß das alles. Beschäftigung mit der eigenen Sucht und der Droge gehört in der Klinik zum Programm. Die Kandidaten für ein nüchternes Leben sollen sich ausdrücklich noch einmal an ihre letzten Jahre und Monate erinnern, soweit es geht, sie sollen sich in Gedanken noch einmal durch ihr altes Leben und dann in einen neuen Zustand bewegen. Die Website der Alten Flugschule zitiert einen Satz von Ludwig Börne: »In einem schwankenden Schiff fällt um, wer stillsteht.«

Seit seiner Ankunft in Großrückerswalde, erzählt Jan, trinke er keinen Alkohol mehr. Er habe auch aufgehört zu rauchen. »Müsste ich gar nicht. Ich will das so.«

Für ihn hat auf dem Hänelberg ein Exzess der Nüchternheit begonnen.

Trotzdem spricht er mit einer nur mäßig unterdrückten Begeisterung darüber, was seine alte Partnerin Kristel alles für ihn tun konnte.

»Eine Woche wachbleiben am Stück, das ist überhaupt kein Problem.« Nach seinen Worten besteht das Paradox von Crystal gerade darin, dass sich die Konsumenten nicht in einem Rausch fühlen, mit dem sie aus dem Getriebe fallen, sondern extrem konzentriert, also in ihrer denkbar besten Form. Jans Plan für die Zeit nach der Therapie besteht aus drei Punkten: sauber bleiben, Arbeit und Freundin finden. Er überlegt, ob und wie er bei der Bewerbung die Lücke von ein paar Jahren erklären soll. Einfach die richtige Geschichte erzählen? Er fragt mich, wie ich darüber denke. Neben dem Verzichtsrausch scheint er auch noch vom Drang besessen, in jeder Hinsicht sauber zu werden, also auch keinem seine Drogenzeit zu verheimlichen.

Ich meinte, wenn er clean bleiben würde, dann hätte er

mehr Fähigkeit zur Selbstorganisation gezeigt als die meisten anderen in seinem Alter, es könnte also ein Vorteil sein. »Aber wahrscheinlich funktioniert das nicht bei einer Bewerbung. Sag einfach: Ich hatte einen Unfall.«

Als ich aus dem Haus gehe, steht gerade ein Mädchen im Foyer, das Hi zu mir sagt. Die Hälfte ihrer Zähne fehlt, abgesehen von diesem Punkt wirkt sie halbwegs intakt.

Meth ist ein Programm zur Abschaffung der Müdigkeit. Es kursieren sehr unterschiedliche Geschichten darüber, wie lange der Stoff wach hält und was in dieser Zeit im Gehirn passiert. Drogenfahnder tracken immer wieder mit Peilsendern Autos von Crystalhändlern, die, wie gesagt, fast alle ihren eigenen Stoff nehmen. In einem Fall, erzählt mir ein Polizist, hätten sie die Bewegungen eines Verdächtigen verfolgt, der 72 Stunden mit sehr kurzen Pausen durch halb Deutschland gefahren war.

Drei Tage, eine Woche? Das klingt phantastisch. Die physischen Grenzen der Wachheit lassen sich allerdings selbst ohne Hilfsmittel sehr weit hinausschieben.

Den ersten Schlaflosigkeitsrekord unter medizinischer Aufsicht stellte 1965 der Stanford-Student Randy Gardner auf, 264 Stunden, also elf Tage und Nächte. Am Ende seiner Übung halluzinierte Gardner und zeigte starke Konzentrationsmängel, aber er überstand die Wachzeit ohne dauerhafte Schäden. Sechs Jahre vorher erreichte der Radio-Discjockey Peter Tripp einen vorläufigen Rekord, indem er 200 Stunden lang auf Sendung blieb. Auch er sah am Ende kleine Tiere im Studio und zeigte ein seltsames Verhalten, aber irgendetwas verstellte sich in Tripps Gehirn dauerhaft. Seine Persönlichkeit veränderte sich stark, er wurde paranoid, ver-

lor seinen Job, seine Ehe scheiterte. Ein ganz ähnlich para-
noides Verhalten beobachten manchmal auch Freunde von
Crystal-Junkies. Ähnlich wie bei den Wachheitsrekorden
tritt es bei einigen auf und bei anderen nicht, und bei manchen verliert es sich nach dem Entzug und bei anderen hält
es lange an.

Von Anfang an ging es in der Geschichte von Methamphetamin nicht um Rausch, sondern um Schlafunterdrückung
und gesteigerte Arbeitsfähigkeit. Der japanische Chemiker
Nagai Nagayoshi stellte 1893 als Erster die Substanz her,
vorerst in Flüssigform, 1919 entwickelte sein Kollege Akira
Osatu die bis heute übliche kristalline Variante. Beide dachten nie an eine globale Droge, die eine Untergrundindus-
trie, länderübergreifende Polizeieinsätze und Entzugsklini-
ken hervorbringen würde, sondern an ein Medikament, das
dem neuen Japan guttun würde, einem Land, das gerade zur
Industriemacht aufstieg. Die Firma Dainippon Sumitomo
brachte das Amphetamin 1921 unter den Namen Hiropon
und Philopon auf den Markt. »Hiro« bedeutet Müdigkeit,
»Pon« Schlag, die europäische Variante so viel wie »arbeits-
liebend«.

Vorübergehende Schlaflosigkeit und die Kraft, immer weiterzumachen, beides fließt zu dem Begriff der Leistungsfähigkeit zusammen, die jeder nach seinen Vorstellungen aus-
beuten kann. Tobi für Party und Sex, Jan – jedenfalls am
Anfang – für Gerüstarbeit und Party, hochbezahlte IT-An-
gestellte und Manager, um mit drei bis vier Stunden Schlaf
auszukommen. Das Suchtbekämpfungsunternehmen Summit Estate Rehab Center in Los Gatos, Kalifornien, beschreibt
auf seiner Website den Arbeitsstil vieler junger Angestellten
so: »Statt sich nach der harten Arbeit auszuruhen, wird Er-

holung durch wildes Feiern ersetzt, um ›Dampf abzulassen‹ und die ganze Nacht über Partys zu veranstalten. Diese Kultur zieht sich durch Volontariate, Hackatons, Zeiten mit extremem Termindruck und die Rund-um-die-Uhr-Arbeitspraxis von Startups und Herstellern von Spielsoftware. Da die Leistungserwartungen steigen, Deadlines enger gesetzt werden und 80-Stunden-Wochen zur Norm werden, explodieren die Stress- und Drogensucht-Raten im Silicon Valley.«[3]

Ausdrücklich nennt *Summit Estate* in diesem Zusammenhang Meth und das strukturell verwandte Speed.

Als der SPD-Bundestagsabgeordnete Michael Hartmann 2014 beim Kauf von Crystal Meth von der Polizei erwischt wurde, gab er zu, er habe ohne chemische Hilfe die Zwölfstundentage voller Beratungen und Termine nicht geschafft.

DURCH DEN BETON

Das Öl liegt auf der Spree. Das ist ein blaues Licht.

THOMAS BRASCH

Welche auf den ersten und auch den zweiten Blick unwahrscheinliche Verbindung existiert zwischen dem Silicon Valley und den engen Erzgebirgstälern in Südsachsen? Dieses Holzspielzeugland wirkt antiurban, verwinkelt, hutzelig, partyfeindlich.

Seit wann zirkuliert ausgerechnet hier das Meth? Das eigentliche Crystalgebiet beschränkt sich auf ein kleines böhmisch-sächsisch-thüringisches Territorium von der Größe eines alten deutschen Zwergfürstentums. Von hier aus reichen die Ausläufer bis in die Berliner Clubs. Aber die drei europäischen Städte mit den höchsten gemessenen Meth-Rückständen im Abwasser markieren das Kernland: Chemnitz, Erfurt, České Budějovice, ehemals Budweis.

Das alte Zentrum der Meth-Produktion lag und liegt immer noch in Mittelosteuropa. Und diese Tradition existiert schon lange. 40, demnächst fast 50 Jahre. Um 1970 herum begannen junge Leute in der CSSR, in den Küchen ihrer

Wohnungen Metamphetamin herzustellen. Warum dort, warum um diese Zeit, dazu gibt es verschiedene Theorien. Die plausibelste lautet: weil plötzlich etliche Ex-Chemiestudenten über viel Zeit verfügten, die nach der Niederschlagung des Prager Frühlings 1968 als Aufrührer von ihren Universitäten relegiert worden waren. Vielleicht hatten sie die Absicht, den stalinistischen Staat zu untergraben, möglicherweise suchten sie auch nach einem Trostmittel, um sich in der Ära nach Dubček in einem trüben Polizeistaat einzurichten. Oder sie wollten einfach Geld verdienen.

Merkwürdigerweise wurde der Stoff in Tschechien von den Szenemitgliedern nach dem alten deutschen Markennamen benannt, also Pervitin. Es existierte noch ein zweiter Codebegriff, dessen Herkunft bis heute unsicher ist, nämlich Piko. In Sonneberg, einer thüringischen Stadt zwischen dem Erzgebirge und Franken, gab es von 1948 an eine Fabrik, die Modelleisenbahnen namens Piko herstellte, nicht nur für die DDR, sondern auch für andere Ostblockländer. Das Unternehmen existiert heute noch. Die Handelsbezeichnung für ein Jungsspielzeug würde gut in die Reihe der Niedlichkeitsbezeichnungen wie Kristel und Tina passen. Am wahrscheinlichsten handelt es sich um ein neu geschöpftes Wort der tschechischen Szene.

Im *Wörterbuch der tschechischen Umgangssprache* von 2006, im Original *Slovnik nespisovne Cestiny: argot, slangy a ibecinámiuva* kommt Piko als Slangbegriff für Methamphetamin ohne weitere Erklärung vor.

Ins Erzgebirge kam tschechisches Crystal schon vor dem Mauerfall. Die Grenze zwischen dem Erzgebirge und Böhmen durfte auch zu Ostblockzeiten fast jeder von beiden Seiten her problemlos passieren. Tatsächlich gab es sogar zwei mögliche Verbreitungswege in der DDR, den über Tschechien, aber auch aus den Kliniken des volkseigenen Gesundheitssystems. Als Medikament stand Methamphetamin auf der Roten Liste der speziellen Mittel in der DDR, aber es war, wie die Merseburger Drogenexpertin Gundula Barsch schreibt, »bis 1990 im klinischen Alltag verfügbar«. Auch die ostdeutsche Nationale Volksarmee führte den chemischen Helfer bis 1990 in ihren Beständen (wie die Bundeswehr übrigens auch, die ihn allerdings schon früher aussortierte). In der neueren europäischen Drogenhistorie gab es zwei Bewegungen aus entgegengesetzten Richtungen. Im Westen breitete sich seit den Siebzigern eher Heroin aus, im Osten Amphetamin. Schon im sozialistischen Tschechien konzentrierten die Hersteller in ihren Küchen das Meth deutlich höher als das Wehrmachts-Pervitin früher. Das ewige Problem der Streckung wie bei Heroin und Koks existiert hier praktisch nicht.

Für eine Drogenszene auf der anderen Seite der Mauer existieren durchaus Quellen und Dokumente. Sie gehören nur zu dem Teil der Geschichte, der bis heute immer unter dem Radar des Westens blieb. Und eigentlich auch im toten Winkel der Wahrnehmung im Osten. In dem Buch *Der Sozialismus, deine Welt*, das in der DDR jeder 14-jährige Jungbürger in die Hand gedrückt bekam, fand sich eine Karikatur des Zeichners Harald Kretzschmar, die den Titel trug: »Das Kapital hat verschiedene Waffen gegen die Jugend.« Das Bildchen zeigte schlecht proportionierte Teenager, die in einer Reihe marschierten, einer hielt ein Schild mit der Aufschrift »Protest« hoch, damit man sofort sah, dass die Szene im Westen spielen sollte. Von links her spießten Bajonette auf die Protest-Protestierer zu, die merkwürdigerweise auf deren Körpermitte zielten. Bei der Kapitalwaffe Nummer zwei handelte es sich um eine riesige Spritze, aufrecht wie eine Rakete, deren Nadel einen schlaffen Jugendlichen perforierte. Auf der Raketenspritze stand groß »Haschisch«. Der Karikaturist wollte garantiert nichts absichtlich Blödsinniges produzieren. Er meinte es gut. Die Zeichnung sagte Folgendes: Drogen sind – ob nun spürbar oder nicht – das Merkmal einer perspektivlosen, dekadenten, sterbenden Gesellschaft. Nicht nur ein Merkmal; sie gehören wegen der »antagonistischen Widersprüche des Kapitalismus« zwingend dazu. Rauschgiftsüchtige in unserer Gesellschaft ohne antagonistische Widersprüche (die Autoren des Buches liebten diesen Begriff) gab es nicht nur nicht, es konnte sie per Definition nicht geben. Daraus folgte: Dann konnte es natürlich auch keine offensichtliche Berichterstattung über Drogen geben, von gelegentlichen Alkoholwarnungen einmal abgesehen, auch keine Drogenpolizei, keine systematische Verfolgung, keine Streetworker. Für die sozialistische Tschechoslowakei galt das Gleiche. Unter diesen Umständen konnte sich die Methamphetaminszene auf beiden Seiten praktisch im Rücken der Staatsmacht ausdehnen, nie offen, immer nur auf kleine Zirkel begrenzt, aber so gut wie ungestört.

Um mehr über die Drogen im Sozialismus herauszufinden, fragte ich ältere Freunde und Bekannte. Einer, nur vier Jahre älter als ich, erlebte seine Initiation auf einer Party in einem Leipziger Einfamilienhaus, in dem sich keine Eltern aufhielten, sondern nur Leute knapp unter und über 20. Einer von denen, so sagte er, holte ein braunes Fläschchen, schraubte es auf und zeigte, wie das Schnüffeln funktionierte. Jeder probierte. »Es war, als würde dir der Kopf weg-

fliegen wie ein Ballon.« Weil der Rausch nur eine Viertel-
stunde anhielt, saugte die Runde ständig neue Dämpfe in
die Nase. In diesem Zustand, erzählte er, habe er mit einem
Freund herumgeknutscht, einem Jungen mit ausgeprägten
Wangenknochen, der später zu den wenigen Männermodels
der DDR gehörte. Der Drogenzeuge, heute Familienvater,
wusste damals nicht, was er durch seine Nasenschleimhäute
zog, bis sie brannten. Es handelte sich um Amylnitrit unter
dem Szenenamen Poppers, ein Medikament, das wegen seiner stark gefäßerweiternden Wirkung früher gegen Angina
pectoris verabreicht wurde. Es riecht wie Lösungsmittel und
verflüchtigt sich sehr schnell, weshalb es gut geschnüffelt
werden kann. Der Rausch entsteht, weil eine große Zusatz-
dosis Blut und damit mehr Sauerstoff ins Gehirn strömt.
Poppers breitete sich in den USA früh, in Europa später von
kleinen Nischen her im Technopublikum und der Schwu-
lenszene aus – besonders dort, weil es für viele den Sex intensiver macht. Merkwürdigerweise steht der Handel damit
noch heute theoretisch unter Strafe, gleichzeitig kann jeder
die kleinen Fläschchen ohne Schwierigkeiten im Internet
bestellen. In der DDR kümmerte sich ohnehin keine Staatsmacht darum, es gehörte schließlich zu den Medikamenten,
die ein bisschen *off label* eingesetzt wurden. Wahrscheinlich
konnten nur die wenigsten Mitarbeiter der DDR-Sicher-
heitsbehörden etwas mit dem Begriff Amylnitrit anfangen.

Ein anderer Freund, Jahrgang 1962, erzählte mir, wie er in
Ostberlin an Joints kam. Ein Bekannter, der reisen konnte,
brachte aus Kreuzberg Haschisch in seinen Socken über den
Bahnhof Friedrichstraße mit. Die DDR-Grenztruppen setz-
ten zwar Hunderte abgerichtete Schäferhunde dort ein, wo
Mauer und Zaun verliefen, aber keinen einzigen Drogen-

spürhund an den West-Ost-Schleusen. Jedenfalls kam der Haschsockenschmuggler jedes Mal unbehelligt durch. Der Freund und seine Freunde machten sich den Spaß, ihre Tüten noch auf dem Bahnhof in Sicht- und Riechweite der ostdeutschen Transportpolizei zu bauen und anzustecken. »Die dachten, wir hätten selbstgedrehte Zigaretten. Die wussten gar nicht, was wir da machten.«

Das kommt davon, wenn der Staat jedem Jungbürger ein Standardwerk über Haschischspritzen im Imperialismus überreicht.

Durch die Beschäftigung mit dem Stoff im Osten fiel mir auch eine Medizinstudentin ein, mit der ich mich Anfang der Achtziger mal unterhalten hatte. Sie beschrieb mir den Schwarzmarkt für Tabletten mit dem Handelsnahmen Faustan, also Diazepam, das angstlösend und muskelentspannend wirkt. Es gehört zur Gruppe der Benzoephedrine und existiert bis heute. Die Pharmafirma Hoffmann La Roche brachte es 1963 erstmals unter dem allgemein bekannten Namen Valium auf den Markt. Der Punkt besteht darin, dass Diazepam zur Bekämpfung von Unruhe- und Angstzuständen nur drei bis vier Wochen verordnet werden darf, weil es ansonsten stark abhängig macht. Folglich entwickelte sich im Westen wie im Osten eine nach wie vor bestehende Süchtigengruppe, die ihren Stoff in größeren Mengen brauchte, als Mediziner ihn regulär verschreiben; vor allem wollten sie die Pillen dauerhaft beziehen. Die angehende Ärztin nannte mir damals auch den gängigen Preis für Faustan, das in Kliniken abgezweigt wurde, zehn Ostmark. Viele Abhängige würden das Benzoephedrin mit Alkohol herunterspülen. »Das«, sagte sie, »knallt dann richtig.«

In diese sozialistische Drogenwelt fügte sich Methamphetamin alias Piko alias Pervitin bruchlos ein, ignoriert von einer Staatsmacht, die sich um ganz andere Dinge kümmerte. Beispielsweise darum, dass niemand in diesem komischen Land rebellierte.

Darüber wachten in der DDR und den anderen Ostblockstaaten vor allem die Staatssicherheitsdienste. Da sie grundsätzlich in alle Ecken der Gesellschaft hineinspähten wie Sarumans Auge und Tausende Aktenseiten mit ihren Beobachtungen füllten, bietet sich dem, der die Geheimdienstüberlieferungen liest und die Punkte verbindet, ein tiefenscharfes Bild der bisher unerzählten Ost-Drogengeschichte. Und dieses Bild ist erstaunlich.

Seit den 70er Jahren liefen die kleinen Drogenschmuggellinien für Westdeutschland über die Türkei, Bulgarien und die ČSSR, die großen über die niederländischen und deutschen Häfen. Die Hauptnachschubverbindung nach Westberlin führte nicht, wie man annehmen könnte, über den dortigen Flughafen Tegel, sondern über den DDR-Hauptstadtflughafen Schönefeld, von dem ein schneller Transitweg per Bus in den ummauerten Westen der Stadt führte. Reisende aus Pakistan, dem Mittleren Osten und Ceylon kamen wegen der billigen Flugverbindungen oft aus ihren Heimatländern nach Moskau und flogen von dort nach Schönefeld weiter, wo sie als Transitpassagiere praktisch unkontrolliert in Busse steigen und in die westliche Enklave fahren konnten. Für alle, die illegale Substanzen mitnehmen wollten, war das der ideale Weg. In den Augen ostdeutscher Grenzpolizisten und deren politischer Führung handelte es sich nicht um ein Problem ihres Staates, wenn Drogen aus dem Goldenen Dreieck und Pakistan den Klassenfeind intoxinierten. Im Jahr 1978 beklagte der amerikanische Kongressabgeordnete Glenn English, »65 Prozent des Heroins« für die GI in Westberlin werde »durch passive Kooperation der ostdeutschen Regierung geliefert«. Er sei sich sicher, so der Parlamentarier aus Oklahoma, »dass die kommunistische ostdeutsche Regierung tatsächlich ein stummer Partner ist für Händler harter Drogen, die Heroin an Angehörige der US-Armee in Westberlin und Westdeutschland verkaufen«.

Die Ostberliner Regierung bemühte sich damals weltweit um diplomatische Anerkennung, folglich wies sie den Vorwurf von English und anderen westlichen Politikern hell empört zurück. Es handle sich um imperialistische Propaganda, selbstverständlich würde der DDR-Zoll die UN-Drogenkonvention von 1961 einhalten und Reisende auf dem Flughafen Schönefeld penibel kontrollieren. Schönefeld spiele beim Drogenschmuggel gar keine Rolle.

Der heftige Protest brachte English dazu, seinen Vorwurf abzuschwächen.

In den etwa 180 Aktenkilometern der Staatssicherheit findet sich ein Vermerk des Zentralen Operativstabs des MfS vom 29. Mai 1973: »Einschätzung der Suchtmittelkriminalität und der Wirksamkeit der Maßnahmen der Kriminalpolizei zu ihrer Bekämpfung vom 1.1.1972 bis 15.5.1973.« Nachrichtenquelle war in diesem Fall die Zollverwaltung der DDR. »Für den Transport von Suchtmitteln aus Ländern des Nahen Ostens (Libanon, Jordanien) auf dem Transitweg nach Westberlin«, heißt es dort, »wird nach Angaben der Zollverwaltung insbesondere der Zentralflughafen Berlin-Schönefeld genutzt, Zahlenangaben über aufgedeckte Straftaten u. a. Feststellungen dazu liegen nicht vor.«

Der US-Politiker lag also völlig richtig.

Das gleiche Dokument listet auf, welche Drogenmengen

der ostdeutsche Zoll auf dem Ost-West-Landweg heraus-
fischte. Das Volumen wirkt erstaunlich für den kurzen Be-
richtszeitraum von nur 22 Monaten:

»Beschlagnahmung 1.1.1971–31.10.1972

314,475 kg Haschisch

50,681 kg Marihuana

1,588 kg Opium

1,112 kg LSD

0,230 kg Heroin

0,300 kg Morphium, Kokain etc.«

Von den Schmugglern, so die Zusammenfassung, stammten fünf aus dem Libanon, drei aus dem Iran, je zwei aus Jordanien und der Türkei, je einer aus Afghanistan, Kongo, und
Uganda. Bei drei abgefangenen Drogenkurieren handelte es
sich um Westdeutsche.

Bei diesen Mengen, die durch die DDR schwappten, fiel
natürlich einiges für Ostdeutschland selbst ab, zusätzlich
zu dem Methamphetamin, das per Ameisenverkehr über
die böhmisch-sächsische Grenze kam. Aus Westberlin wiederum flossen Substanzen auch wieder zurück in das offiziell drogenfreie Gebiet, denn Westdeutsche und Ausländer passierten die Grenzübergänge in den Osten der Stadt
fast immer problemlos. Diplomaten und Militärs der Besat-
zungsmächte sogar ohne Kontrolle.

In den 70er Jahren entstand in der DDR-Hauptstadt eine
klandestine Subkultur, die im Rückblick wie ein Puppenstu-
bennachbau der großen Westszene wirkt. In der

»Einschätzung der Suchtmittelkriminalität vom 1.1.1972–
30.4.1973« notierte ein Mitarbeiter der K I – der politischen
Polizeiabteilung, die der Staatssicherheit zuarbeitete – seine durch geheime Informanten gewonnenen Erkenntnisse:

»Ein namentlich bekannter DDR-Bürger stellt seine Wohnung gegen Entgelt türkischen Bürgern zur Verfügung, die mit Bürgern aus der Hauptstadt der DDR Parties durchführen, wobei Haschisch-Zigaretten geraucht werden sollen. Die Türken reisen fast täglich aus Westberlin in die Hauptstadt der DDR und führen dabei vermutlich illegal Haschisch-Zigaretten ein. Bei den in der Wohnung verkehrenden DDR-Bürgern handelt es sich um labile Jugendliche und Jungerwachsene aus verschiedenen Stadtbezirken.«

Das gleiche Aktenkonvolut erwähnt auch das Ostberliner Künstlerlokal Möwe, »in welchem mit LSD gehandelt werden soll«. Dem Überwachungsauge entging es auch nicht, dass Crystal und andere Substanzen aus der Medizin kursierten. Ein Bericht der Stasi-Hauptabteilung XX – zuständig für politische Überwachung – vom 23. Januar 1984 listete »Information über Erscheinungen des Missbrauchs von Arzneimitteln und Suchtstoffen in der DDR« auf. »Beobachtet wurde u. a. der Mißbrauch von Amphetamin(Pervitin), Codein, Morphin und Dolcontral. Es wurde auch ein Mißbrauch als Folge von anfänglich ärztlich begründeten Behandlungen festgestellt.«

In anderen Ostblockländern existierte ein noch deutlich größeres Angebot an Rauschsubstanzen als in Ostdeutschland.

Am 30. Januar 1983 kam ein Bericht des tschechischen Geheimdienstes über die dortige Drogenszene auf den Tisch des Stasi-Generalleutnants und stellvertretenden Ministers für Staatssicherheit Gerhard Neiber.

Unter der Überschrift »Information über die operative Lage der nichtalkoholischen Toxikomanie in der CSSR« stellen die Verfasser des Berichts eine zunehmende Verbreitung von Drogen fest, was sie als Übergreifen des Westens auf ihre per Definition intakte sozialistische Welt deuten:

»Abgerundet werden die erwähnten Tatsachen auch durch solche überprüften Hinweise, dass die Toxikomanie einen Teil der moralisch gestörten Jugend erfaßt, insbesondere Lehrlinge und Studenten, die ihre Kenntnisse auf diesem Gebiet insbesondere aus der Lebensweise der kapitalistischen Gesellschaft schöpfen.«

Einen großen Raum nehmen Diebstahl und Unterschlagung von Medikamenten ein, ohne die kein Metamphetamin hätte produziert werden können:

»Zum Mißbrauch von Arzneimitteln …kommt es durch die ungesetzliche Beschaffung dieser Mittel aus Arzneimittelwerken und Gesundheitseinrichtungen, durch Einbrüche und Diebstahl von Arzneimitteln, des weiteren durch das Anlegen nichtregistrierter Überbestände und deren Beschaffung, durch das Abholen von Arzneimitteln auf fingierte Rezepte u. ä. Die nichtregistrierten Überbestände entstehen auf verschiedene Art und Weise, z. B. werden bei der Herstellung von Arzneimitteln nicht die vorgeschriebenen Rezepturen eingehalten oder es werden Rohstoffe (Heilmittel) mit abgelaufener Garantiezeit verwendet.«

Auch die ersten Cannabisplantagen entstanden im östlichen Europa schon Jahre vor dem Mauerfall:

»Im Jahr 1980 wurde auf dem Gebiet der CSSR eine neue Form der Toxikomanie registriert, die im Mißbrauch des indischen Hanfs *cannabis indica* besteht, der zu diesem Zweck unter unseren natürlichen Bedingungen angebaut wird. Genutzt wird er vor allem für den Eigenbedarf der Rauschmittelsüchtigen, die diesen Hanf anbauen. Gesät wird der indische Hanf von den Tätern auf abgelegenen Flächen, in Gärten, und Wäldern und auf besonders vorbereiteten Beeten.«

Der Bericht nennt für die Zeit von 1973 bis 1982 die Zahl von insgesamt 230 Drogentodesfällen in der CSSR; gleichzeitig streicht er die engen Verbindungen zwischen Subkultur und politisch subversivem Untergrund heraus, der Bürgerrechtsbewegung *Charta 77*. »Im Laufe des Jahres 1980 wurde eine umfassende Sicherheitsaktion zur Zersetzung und Auflösung einer umfassenden Bewegung der feindlich-negativen Jugend, ›HIPPIES‹ und ›UNDERGROUND‹-genannt, durchgeführt, wobei ebenfalls eine Verbindung zu Personen mit Kontakten zur *Charta 77* dokumentiert wurde.«

Im Mutterland des Sozialismus, der Sowjetunion, hatte in den mittelasiatischen Provinzen schon immer ein kleines Anbaugebiet für Opium bestanden. Mit dem Einmarsch in Afghanistan 1979 standen Sowjetarmisten plötzlich in einem der fruchtbarsten Opiumländer der Welt. Für die Soldaten eröffnete sich eine ähnliche Welt wie für die GIs in Vietnam.

In den Unterlagen der Staatssicherheit findet sich auch ein telegrafischer Bericht (»blitz«) vom 18. Januar 1989 aus der DDR-Botschaft in Moskau an das Lagezentrum der Hauptverwaltung Aufklärung über die Rauschgiftsituation des praktisch schon zerfallenen sowjetischen Imperiums. Als Empfänger verzeichnet die Akte Staatssicherheitsminister Erich Mielke und fünf seiner Generäle.

»Rauschgifttransporte erfolgen fast ausschließlich als Transit durch udssr aus asiatischen ländern (vor allem pakistan, afghanistan). Obwohl diese lieferungen kaum auf dem sowjetischen ›drogenmarkt‹ landen, hat rauschgiftproblem in der udssr zugenommen. Schätzungsweise 100 000 suechtige in udssr. Illegaler anbau von kulturen in mittelasiatischen gebieten udssr. grosze probleme auch mit chemischen ersatzdrogen. Udssr wird kampf gegen drogenmissbrauch im eigenen land und gegen internationalen rauschgiftschmuggel verstärken.«

Unter den Bedingungen eines totalitären Systems blühte die Drogenwelt zwar nie, aber sie quetschte sich von unten durch die Kontrollfilter wie Grünzeug durch Ritzen zwischen Betonplatten, als wäre noch ein zusätzlicher Beweis nötig gewesen, dass Substanzen überall kleinste Lücken finden, sich durch winzige Zwischenräume drücken, gleichgültig gegenüber sogenannten gesellschaftlichen Verhältnissen, anpassungsfähig wie ein evolutionär ausgebufftes System.

3

MEDIZIN

IM PFEFFERKUCHENHAUS

Er schloss sich in sich in sein Kabinett zum Ausflug
in Traumregionen ein. Er sagte, alle Länder und
unbekannten Inseln seien in die Tapete eingewebt.
ERNST JÜNGER

Die Regionalbahn braucht von Solothurn nach Biberist
vier Minuten. Der Ort ist kein Teil der Stadt Solothurn, sondern ein Dorf mit 8700 Einwohnern. Gleich am Bahnhof
steht eine Kirche mit grüner Turmkuppel. Erstaunlicher-
weise lernt ein Reisender gerade hier etwas über Drogen
im 21. Jahrhundert. In den letzten Jahren entstanden nur
wenige neue Substanzen. Es ändert sich vor allem der Umgang mit den bekannten Drogen. An einigen wenigen Or-
ten, meist kleinen und unauffälligen, sickern die chemischen Verbindungen wieder in die Medizin zurück. Sie
begeben sich nach Umwegen in die alte Spur, so, wie ein
umgeleiteter Fluss wieder in sein altes Bett findet. Praktisch das gesamte neuzeitliche Drogenmenü gehörte einmal zum Angebot der Apotheken, von Methamphetamin
über Kokain und Heroin, LSD und MDMA bis zu Cannabis
Indica. Und dort, meinen die Anhänger einer internationa-

len Bewegung, sollten die Substanzen eigentlich auch wieder zu haben sein.

Da, wo Biberist im Süden in einer Siedlung neuerer Häuser endet, praktiziert einer der zwei europaweit einzigen Ärzte, die ihren Patienten legal die psychedelischen Stoffe LSD und MDMA verabreichen. Der Psychiater Peter Oehen hält seine Sitzungen in einem dieser Dorfrandhäuser ab, hinter denen die Wiesen beginnen. Sein Kollege Peter Gasser, der andere der beiden Ärzte, sitzt in Solothurn. In diesem kleinen Nordwestschweizer Winkel finden Drogen und Therapie gerade wieder zusammen, fast unbemerkt von der Welt.

Peter Oehens Praxis befindet sich in einem Haus, in dessen Straßenfassade gerade Platz für die Eingangstür, ein Fenster links und ein Toilettenfensterchen rechts ist. Ein Pfefferkuchenhaus. In der Siedlung fällt es durch seine sonnengelbe Fassade auf.

Doktor Oehen ist 62 Jahre alt, wirkt aber etwas jünger mit seinen dunklen, nackenlangen und leicht angegrauten Locken. Er spricht Schweizerdeutsch, an seine Sätze hängt er öfters ein »odr?« an, was hier aber nicht als Frage gemeint ist, sondern ungefähr dem hochdeutschen »nicht wahr?« entspricht.

Im Inneren wirkt das Pfefferkuchenhaus etwa doppelt so groß. Es gibt keinen Empfangstresen, keine Mitarbeiter oder Assistenten, nur den Hausherrn selbst und seinen Besucher. Wer den hellen Teppich im Behandlungszimmer betritt, fühlt sich wie auf einer Wolkendecke. An der Wand hängt ein von Goldfäden durchzogenes Tuch. Die Sonne. Es gibt einen Tisch, zwei Stühle und eine Liege, eigentlich eine bezogene Matratze. Seinen Patienten reicht Oehen hier ein

Glas mit Wasser und eine Kapsel mit Methylendioxy-N-methylamphetamin, kurz MDMA, der Wirkstoff in Ecstacy-pillen. Männer bekommen von ihm 125 Milligramm, Frauen 100. Dann bittet er sie, sich hinzulegen, die Augen zu schließen und die Aufmerksamkeit, wie sagt, »nach innen zu richten«. Er sitzt neben der Liege, wenn der Patient oder die Patientin es wollen, hält er ihre Hand. »Es geht darum, sich dem Erleben hinzugeben, odr?«

Die Wendung »das Erlebte« bedeutet in dieser Arztpraxis zweierlei. Das, was im Gehirn während der 60-minütigen MDMA-Sitzung vorgeht, und auch das, was die Besucher im Kopf mitbringen, wenn sie in das gelbe Haus kommen. Oehens Patienten leiden an Depressionen, anderen psychischen Krankheiten und vor allem an Posttraumatischen Belastungsstörungen, *Post Traumatic Stress Disorder*, kurz PTSD. Die posttraumatische Störung kann ehemalige Soldaten treffen, Opfer von Terror und Unfällen, Menschen, die sexuell missbraucht wurden. »Die traumatische Situation bleibt sozusagen im Arbeitsspeicher des Gehirns hängen«, sagt Oehen. »Bei Schlüsselreizen kehrt der Stress immer wieder zurück. MDMA stimuliert die Ausschüttung von Oxytocin, dem Bindungs- und Kuschelhormon. Und das wiederum beruhigt die Amygdala, das Angstzentrum im Gehirn. Wenn das der Fall ist, dann kann der Hippocampus seine Arbeit erledigen und selbst schlimmste Erlebnisse so speichern, dass nicht immer wieder der gleiche Stresskreislauf anfängt.«

Mit Lysergsäurediäthylamid, LSD, behandeln die Ärzte Fälle hartnäckiger Depressionen und Identitätsstörungen.

Nicht jeder, der ein psychisches Problem kurieren will, kann sich in Biberist oder bei Peter Gasser in Solothurn auf das Sofa legen und MDMA oder LSD ausprobieren. Die psychedelischen Substanzen bekommen nur Patienten, bei denen keine konventionelle Therapie anschlägt. In seinem Behandlungszimmer, erzählt Oehen, habe er es meist mit Kranken zu tun, die eine entmutigende Tour durch andere psychiatrische Praxen hinter sich hätten. Leute, die schlimme und schlimmste Erlebnisse mit sich herumschleppten. Die von ihrem Vater sexuell missbraucht wurden, die als Kind von ihren Eltern für sexuellen Missbrauch herumgereicht wurden. Andere, die extreme Angststörungen nicht loswerden.

»Viele schaffen es durch den Einfluss von MDMA, sich überhaupt wieder etwas zu öffnen. Ich mache in der Regel drei Sitzungen. Die meisten Patienten sagen, dass sich bei ihnen langfristig etwas verbessert hat.«

Nach dem Verbot noch der letzten in der Medizin erlaubten psychedelischen Substanzen in den USA und Europa riss die klinische Forschung mit diesen Medikamenten für mehr als zwei Jahrzehnte ab oder sie verschwand zumindest aus der öffentlich diskutierten Wissenschaft. Erst seit den 90er Jahren lockerten die Aufsichtsbehörden in den Vereinigten Staaten und hier und da in anderen Ländern das Verbot wieder. Die Mediziner konnten altbekannte Substanzen wie LSD, MDMA und Psylocibin wieder versuchsweise unter strengen Auflagen gegen Depressionen, Angst- und Belastungsstörungen einsetzen. Und sie verfügen mittlerweile durch Computertomographie und Hochleistungsrechner über unendlich bessere Mittel, um zu sehen, was sich unter dem Einfluss der Mittel im Gehirn abspielt. Zusammen mit seinem Kollegen Robin Carhart-Harris schob der schon erwähnte Brite David Nutt im Jahr 2016 erstmals 20 Menschen in die CT-Röhre, in denen gerade LSD wirkte. Die beiden konnten im Rechner sehen, wie die alte Hierarchie im Kopf zusammenbrach und vorübergehend durch eine neue Ordnung ersetzt wurde, in der sich sehr viel mehr Hirnregionen als sonst mit dem visuellen Cortex verbanden, der Bildermaschine des Gehirns. Aber auch die einzelnen, normalerweise getrennt vor sich hinarbeitenden oder heruntergedimmten Sektionen schalteten sich untereinander zusammen. Carhart-Harris beschrieb damals den Zustand in den LSD-Hirnen, die orange auf den Bildschirmen aufleuchteten, als fließenden assoziativen Zustand, wie ihn Kinder erleben. Wenn Menschen erwachsen würden, so der Neurologe, verwandle sich die fluide Neuronenlandschaft allmählich in ein Nebeneinander spezialisierter Werkstätten, die zwar in Verbindung stehen, aber nur durch einige Türen und auf bestimmten Wegen. Die LSD-Woge würde diese Barrieren vorübergehend wegreißen.

Möglicherweise liegt darin ein Schlüssel für die Heilung gleich mehrerer Krankheiten. Bei aller gebotenen Vorsicht, so schreiben die drei amerikanischen Psychiater und Neurologen David E. Nichols, Matthew Johnson und Charles D. Nichols, zeichne sich in der Forschung ein neues Paradigma ab. Grob gesagt laufe es darauf hinaus, schrieben die Wissenschaftler 2017 in einem gemeinsamen Aufsatz, dass psychedelische Substanzen gestörte neuronale Netzwerke entflechten und neu ordnen könnten. Nicht nur LSD, sondern auch MDMA und Psylocibin, besser bekannt als *Magic Mushrooms*.

Ende der 80er Jahre besaßen in der Schweiz schon einmal fünf Psychiater die weltweit einmalige Erlaubnis des Bundesamtes für Gesundheit, LSD und MDMA zu verabreichen.

Dann kam es 1993 zu einem Todesfall, ein Patient mit Herz-kranzgefäßverkalkung starb, und obwohl es nicht sicher war, ob die Therapie überhaupt etwas damit zu tun hatte, zog die Behörde ihre Erlaubnis wieder zurück. Nach etli-chen Jahren und mehreren Pilotstudien in den USA, an de-nen auch Peter Gasser beteiligt war, wussten Ärzte mehr über die Wirkung der Substanzen, und was sie an Daten sammelten und vorlegen konnten, beeindruckte die Geneh-migungsbehörden. Die als extrem streng bekannte *US Food and Drug Administration* (FDA) erlaubte größere Versuche mit 300 Beteiligten. Auch deshalb, weil der Verein *Mul-tidisciplinary Association for Psychedelic Studies* – abgekürzt MAPS – unter Führung des Bostoner Medizinforschers Rick Doblin unentwegt für die Zulassung der beiden Substanzen als Arznei trommelt. Vielmehr für die Wiederzulassung. Denn als Medikamente waren sie ja ursprünglich auch ent-wickelt und bis zu ihrem Verbot auch regulär eingesetzt worden. In der Schweiz kehrten die Beamten der Gesund-heitsbehörde 2007 zu ihrer liberalen Haltung zurück und er-teilten den beiden Psychiatern Peter Oehen und Peter Gasser eine unbeschränkte Genehmigung für die Therapie mit den Substanzen LSD und MDMA.

»Wissen Sie, woher in den USA die entscheidende Wende kam?«, fragt Oehen. »Vom Militär. Durch Afghanistan und Irak gibt es ein riesiges Problem mit Soldaten mit schweren posttraumatischen Belastungsstörungen bei Zehntausen-den Soldaten. Die Leute im Pentagon brauchten dafür drin-gend eine Lösung. Sie hatten schnell begriffen, dass die The-rapieergebnisse vor allem mit MDMA sehr gut sind.«

Seit einigen Jahren verkündet Rick Doblin, MDMA stehe in den USA kurz vor der allgemeinen Wiederzulassung.

Oehen seufzt. »Rick ist der personifizierte Optimismus. Aber es stimmt, mittlerweile springen immer mehr auf diesen Zug.«

Woher bekommen Oehen und Gasser eigentlich ihre Substanzen? Und was heißt »unbeschränkte Genehmigung«?

Anders als der Begriff »unbeschränkt« nahelegt, erklärt der Psychiater, laufe alles sehr reglementiert ab. Oehen redet sehr ruhig und moduliert, wie Seelenärzte eben reden, er bewegt dabei kaum die Hände. Über die Reglementierung klagt er nicht, er hält sie für angemessen. Er sei, sagt er, kein »Drogenenthusiast«. »Unbeschränkt« heiße nur, der Einsatz von MDMA und LSD sei bei ihm nicht auf eine bestimmte Zeit oder auf eine Zahl von Patienten begrenzt. Er müsse aber in jedem einzelnen Fall eine Bewilligung durch die Aufsichtsbehörde einholen. 18-mal sei das bis jetzt passiert. Die Bewilligung habe es immer gegeben.

Und der Stoff?

Der kommt von dort, wo er längst Armeeveteranen hilft, obwohl er als verbotene Substanz gelistet ist, aus den Vereinigten Staaten. Dort hätten Wissenschaftler zu Forschungszwecken mit einer Sondergenehmigung vor längerer Zeit einmal jeweils eine größere Menge LSD und MDMA hergestellt. Der Arzt aus der Schweiz holt die Drogen nicht mit einem Köfferchen ab.

Sondern?

»Die Substanzen werden von einem speziellen Unternehmen verschickt, in der Schweiz von einer lizensierten Institution in Empfang genommen – zum Beispiel dem Universitässpital –, dort neu verpackt, beschriftet und von einer lizensierten Firma zu mir geliefert. Jeder Schritt wird schriftlich dokumentiert.«

Für eine Arztpraxis, in der die Hälfte der erlaubten Behandlung mit Drogen in Europa stattfindet, geht es im gelben Haus am Dorfrand von Biberist ruhig zu, seelenruhig. Die vier Wartestühle gleich hinter dem Eingang sind leer. Nirgends piepst ein Telefon.

Oehen will noch den Raum unter dem Dach zeigen, in dem er psychedelische Gruppentherapiesitzungen abhält. Er bekomme ständig Anfragen von Leuten, die gern Patient bei ihm werden würden, sagt Oehen, als er die Holztreppe nach oben steigt. »Aus Deutschland, Frankreich, England, den USA. Ich bekomme aber nur eine Bewilligung für Patienten, die ihren Wohnsitz in der Schweiz haben. Glauben Sie mir, damit habe ich Arbeit genug.«

Als 1993 die Schweizer Therapien mit Substanzen gestoppt wurden, verschickte ein Forscher Fragebögen an alle 171 Patienten, die in den fünf Jahren der ersten Erlaubnis behandelt worden waren. Davon füllten 121 den Bogen aus; 65 Prozent berichteten von einer guten Verbesserung ihres Zustands, 25,6 von einer leichten Besserung, bei 4,1 Prozent hatte sich nichts geändert. Zweieinhalb Prozent nahmen eine Verschlechterung wahr. Für schwierig zu behandelnde Krankheiten wie schwere Traumata, Depressionen und Angststörungen klingt die Bilanz geradezu sensationell. Auch die meisten seiner Klienten, so Oehen, seien zufrieden.

Es drängen sich zwei Fragen auf. Zum einen, warum es auch nach Jahren außer den beiden keinen anderen Psychiater gibt, der versucht, mit den Stoffen zu heilen.

»Die haben nicht gerade eine gute Presse, odr? Das ist immer noch ein Thema, an dem sich die meisten nicht die Finger verbrennen wollen.«

Und zweitens, warum öffnet ausgerechnet die Schweiz eine Tür, die woanders fest geschlossen bleibt?

»Die Schweizer sind zum einen sehr konservativ, zum anderen aber auch pragmatisch. Schauen Sie, das Gefängnis in Solothurn war weltweit das erste, in dem vom Personal saubere Spritzen an die Häftlinge ausgegeben wurden. Zürich war die erste Stadt, in der die Behörden kontrolliert Heroin an Schwerstabhängige in Fixerstuben verteilt haben.«

Der Raum unter dem Dach wirkt geradezu unmäßig groß für die äußeren Maße des Hauses, und zwar durch den gleichen Trick wie das Zimmer unten. Der Boden besteht aus hellem Stein, die Innenauskleidung der Dachflächen aus weißem Holz, an der weißgestrichenen Wand hängt das Bild einer großen weißblühenden Blume. In diesem weißen Rauschen gibt es einen weißen Stuhl, zwei grüne Topfpflanzen, sonst nichts. Hier finden die Sessionen mit bis zu zwölf Patienten statt. Alle nehmen die Substanzen. Dann liegt man auf Matten.

»Im Kreis, die Füße nach innen«, sagt Oehen.

CHEMIE IN ZEITEN
DER UNSCHULD

Die Welt konzentriert sich auf die Tischmitte hin.

RUDOLF GELPKE

In den frühen 60er Jahren hätten Oehen und Gasser nur eine Stunde fahren müssen, um LSD bester Qualität direkt vom Erzeuger zu kaufen, nach Basel zu den Laboratorien von Sandoz. Es gibt nur wenige Städte, die in der modernen Drogengeschichte eine derart glänzende Rolle spielen wie die im Dreiländereck gelegene erzprotestantische Schweizer Bürgerstadt.

Am 19. April 1943 nachmittags um zwanzig nach vier wog der Sandoz-Forscher Albert Hofmann einen halben Kubikzentimeter weinsaures Salz ab, in dem 0,25 Milligramm Lysergsäurediäthilamid enthalten war, verdünnte die Mischung mit Wasser und trank sie aus. Vor sich hatte er sein Labortagebuch aufgeschlagen, eine quadratische Kladde mit kariertem Papier. Ein Federhalter lag bereit. 40 Minuten nach dem Schluck notierte er in seiner kleinen Schrift, die genau auf eine Kästchenlinie passte:

»17.00 Uhr: Beginnender Schwindel, Angstgefühl. Seh-störungen. Lähmungen, Lachreiz.«

Das Wort »Lachreiz« ist nur noch schlecht zu lesen.

Zwei Tage später schrieb er gleich darunter die Kurzfassung seines Selbstversuchs nieder.

»Ergänzung am 21.IV: Mit Velo nach Hause. Von 18– ca. 20 Uhr schwerste Krise. (S. Spezialbericht)«

Albert Hofmann, ein akkurater, etwas biederer, damals 37 Jahre alter Basler, der mit seinem zurückgewichenen Haaransatz schon etwas ältlich wirkte, war der erste Mensch, der einen LSD-Rausch erlebte. Hippies und ihre Nachfolger feiern den 19. April bis heute als *Bicycle Day*, denn mit seinem Lachreiz bestieg Doktor Hofmann vor dem Sandoz-Labor das Velo und radelte heim, begleitet von seiner Assistentin, der er schon vorher gesagt hatte, er nehme gleich eine noch unerforschter Chemikalie zu sich, möglicherweise würde er sich dann etwas merkwürdig aufführen. Die Schweizer Künstler Peter Fischli und David Weiss bastelten in ihrer Skulpturenserie »Plötzlich diese Übersicht« ein kleines Denkmal für den historischen Moment mit dem Titel »Doktor Hofmann auf dem Fahrrad«.

»Alles in meinem Gesichtskreis schwankte und war verzerrt wie in einem gekrümmten Spiegel. Auch hatte ich das Gefühl, mit dem Fahrrad nicht vom Fleck zu kommen. Indessen sagte mir später meine Assistentin, wir seien sehr schnell gefahren.«

Als er zu Hause auf dem Sofa lag, glaubte Albert Hofmann, seinen Versuch nicht zu überleben.

»Ein Dämon war in mich eingedrungen und hatte von meinem Körper, meinen Sinnen und von meiner Seele Besitz ergriffen. Ich sprang auf und schrieb, um mich von ihm zu befreien, sank dann aber wieder machtlos auf das Sofa. Die Substanz, mit der ich hatte experimentieren wollen, hatte mich besiegt. Sie war ein Dämon, der höhnisch über meinen Willen triumphierte. Eine furchtbare Angst, wahnsinnig geworden zu sein, packte mich. Ich war in eine andere Welt geraten, in andere Räume mit einer anderen Zeit. ... Lag ich im Sterben? War das der Übergang?«

Seine Laborantin holte einen Arzt, der den Chemiker kurz untersuchte und noch nicht einmal einen erhöhten Puls feststellen konnte. Daraufhin beruhigte er sich.

»Jetzt begann ich allmählich das unerhörte Farben- und Formenspiel zu genießen, das hinter meinen geschlossenen Augen andauerte.«

Am nächsten Morgen klang der Rausch allmählich ab, Hofmann schildert seinen sanften Gleitflug zurück so, wie heute Microdoser die Wirkung ihres heruntergeregelten Konsums beschreiben.

»Als ich später in den Garten hinaustrat, in dem nach einem Frühlingsregen nun die Sonne schien, glitzerte und glänzte alles in einem frischen Licht. Die Welt war wie neu erschaffen. Alle meine Sinne schwangen in einem Zustand höchster Empfindlichkeit, der noch den ganzen Tag anhielt.«

Ganz am Anfang seines Buchs *LSD – Mein Sorgenkind* erzählt Hofmann von einem frühen Erlebnis als Junge; auf einem Waldspaziergang schien sich die Welt ganz speziell für ihn zu öffnen.

»Der Frühlingswald erstrahlte im Glanz seiner einzigartigen, zu Herzen gehenden, sprechenden Schönheit, als ob er mich einbeziehen wollte in seine Herrlichkeit. Ein unbeschreibliches Glücksgefühl der Zugehörigkeit und seligen Geborgenheit durchströmte mich.«

Instinktiv vermutete er in seinen Erinnerungen das Gleiche wie der Neurologe Robin Carhart-Harris nach dem Echtzeitblick ins Gehirn, nämlich, dass LSD im Idealfall die Neuronen wieder so frei und unbehindert zusammenschaltet wie in der Kindheit.

Seinen Stoff LSD-25 hielt der Sandoz-Forscher selbstverständlich für ein Medikament, für eine hochwirksame Medizin sogar, die einen indirekten Blick ins Gehirn erlaubte. Sandoz vertrieb LSD-25 unter dem Namen Delysid als Dragees und Ampullen für die gleiche Anwendung, zu der auch heute wieder die ersten Ärzte zurückkehren. »Zur seelischen Auflockerung bei analytischer Psychotherapie, besonders bei Angst- und Zwangsneurosen«, hieß es in dem Delysid-Beipackzettel. Es könne aber auch für den experimentellen Eigengebrauch von Psychiatern benutzt werden, um Wahnzustände ihrer Patienten besser zu verstehen.

Bei dem 1943 zum ersten Mal beschriebenen LSD handelte es sich um einen Nachzügler. Chemiker entdeckten fast alle synthetischen Rauschsubstanzen innerhalb einer sehr kurzen Zeit zwischen 1850 und 1915, und nahezu die gesamte neuere Drogenapotheke entstand in einem kleinen Gebiet der Nordwestschweiz und in Deutschland, dem Urstromtal der Substanzen.

Dem deutschen Chemiker Friedrich Wilhelm Gaedicke gelang schon 1855 die Isolation von Kokain aus Kokablättern. Die schmerzstillende Wirkung des Stoffs entdeckte der aus Livland stammende und in Würzburg forschende Mediziner Vassili von Anrep 1879.

Am 26. Juni 1896 meldete der Pharmazeut Felix Hoffmann ein Reichspatent für einen Stoff namens Diacetylmorphin an, den er im Laboratorium des Bayer-Stammwerks in Wuppertal-Elberfeld hergestellt hatte. Er taufte seine Erfindung, die zum mächtigsten Opioid der Welt werden sollte, Heroin. Bayer vertrieb das Mittel als hochwirksames Schmerz- und Hustenmittel, als Medikament zur Geburtseinleitung und als Ersatzstoff zur Heilung von Morphinsüchtigen. (Das Morphin gehört ausnahmsweise nicht in die Reihe der modernen Drogenerfindungen, der Paderborner Apotheker Friedrich Sertürner isolierte es schon 1804 aus Opium. Er war der Erste, der überhaupt ein Alkaloid aus einer Pflanze gewinnen konnte. Die suchterregende Substanz verbreitete sich sehr schnell; Heroin, das vermeintliche Hilfsmittel, machte noch viel stärker abhängig.)

Im Jahr 1897 isolierte der in Leipzig geborene Chemiker Arthur Heffter Meskalin aus *Lophophora Williamsii*, dem mexikanischen Peyotekaktus. Zur gleichen Zeit stellte der aus Rumänien stammende Chemiker Lazar Edeleanu an der Humboldt-Universität das erste Amphetamin her, eine Substanz, die er Phenylisopropylamin taufte. Die Pharmaziefirma Smith, Kline & French vertrieb sie später als Medikament unter dem Namen Benzedrine gegen Müdigkeit und Konzentrationsstörungen.

Im Labor des Darmstädter Arzneimittelherstellers Merck mischte der Chemiker Anton Köllisch 1912 das schon erwähnte Methylendioxi-N-methylamphetamin zusammen, MDMA, den Ecstasy-Wirkstoff.

Nur Methamphetamin – das spätere Medikament Pervitin, noch später Crystal – entstand außerhalb des goldenen europäischen Dreiecks Basel– Rhein-Main-Gebiet und Berlin, nämlich 1893 in den Glaskolben des japanischen Chemikers Nagai Nagayoshi.

In Basel kam es etwas später, 1944, außerdem zur Entdeckung von Methylphenidat, synthetisiert von Leandro Panizzon, der für das Chemieunternehmen Ciba forschte und seine Erfindung nach seiner Frau Marguerite, genannt »Rita« »Ritalin« nannte. Die Firma brachte den Stoff zehn Jahre später unter dem Namen auf den Markt; er nahm beide Pfade, den medizinischen und den der Party- und Optimierungssubstanz, ohne je vom Prohibitionsapparat erfasst zu werden. In der Stadt am Oberrhein extrahierte der LSD-Erfinder Albert Hofmann 1958 auch den Stoff des mexikanischen Ritualpilzes Teonanacatl; er gewann eine farblose kristalline Substanz, die er Psilocybin nannte. Nach einem langen Weg durch die Hippieszene und Zirkel von Naturdrogenbegeisterten kehrt Psilocybin jetzt genauso wie MDMA und LSD als Antidepressivum und Mittel gegen Angststörungen in die Medizin zurück.

Dafür, dass praktisch alle Drogen der Moderne aus der Schweiz oder Deutschland stammen, gibt es eine einfache Erklärung. Nirgends stand zwischen 1860 und 1930 die Wissenschaft der Chemie höher. Ihre Labore und Fabriken spielten für die weltweite Branche etwa die gleiche Rolle wie Kalifornien heute für die Informationstechnologie. Von 1902 bis 1932 gingen insgesamt 16 Chemie-Nobelpreise an Deutsche.

Wer forschen und erfinden wollte, tat das am besten im Land von August Kekulé, Adolf von Baeyer, Justus von Liebig, Wilhelm Ostwald und Fritz Haber.

Beinahe hätte auch LSD zu den Substanzen der Wunderjahrzehnte gehört. Das Alkaloid Ergotamin isolierte der Sandoz-Forschungschef Arthur Stoll schon 1918 aus Mutterkornpilzen; er erkannte die gefäßzusammenziehende Wirkung, entwickelte aus Ergotamin ein profitables Geburtshilfe- und ein Antimigränemittel, brach dann aber die Forschung ab.

Dass im Mutterkorn, einem schwarzen Getreidepilz, der sich an den Ähren bildet, noch mehr stecken könnte, wusste jeder Chemiker mit historischer Bildung. Ärzte des späten Mittelalters wussten um die gefäßverengende Wirkung des pulverisierten Mutterkorns, die sich gut zur Einleitung der Wehen eignete. Als Geburtshilfemedizin beschreibt der Frankfurter Stadtarzt Adam Lonitzer den Pilz 1582 in seinem Kräuterbuch. Die tödliche Seite dürfte er auch gekannt haben. In europäischen Getreidefeldern breitete sich immer wieder Mutterkorn aus, gelangte ins Brot und löste epidemische Vergiftungen aus. Die Befallenen litten an Verwirrung und bisweilen religiösem Wahn (daher die Bezeichnung *ignis sacer*, heiliges Feuer), schmerzhaft und tödlich wirkte allerdings die Gefäßverengung, die zu furchtbaren Schmerzen in Händen und Füßen führte. Vielen Vergifteten starben die Extremitäten ab. Sie riefen den heiligen Antonius als Schutzheiligen an; auf manchen Abbildungen des Heiligen mit Kranken finden sich auch metallene Nachbildungen von Händen und Füßen als Votivgaben, die Linderung bringen sollten.

In seinem Roman *Der Meister des Jüngsten Tages* entwirft Leo Perutz die Theorie der schon mittelalterlichen Verfertigung einer Droge aus Mutterkorn, die einen italienischen Maler dazu bringt, nur noch ekstatische Bilder des Jüngsten

Gerichts zu malen, beherrscht von der Farbe »Drommeten-rot«. Perutz' Gegenwartshelden – sein Buch stammt von 1923 – entdecken die Geschichte in alten Folianten und finden noch einen Rest des alten Räucherwerks.

Hofmann begann seine Forschungen an der aus Ergoba-sin gewonnenen Lysergsäure in den 30er Jahren, analysierte die Zusammensetzung, baute den Stoff teilsynthetisch nach, dabei produzierte er eine ganze Reihe von Varianten. Die Nummer 25 der Serie stellte er schon 1938 her, verpackte sie in einen Glasbehälter und ließ sie erst einmal stehen, weil sie im Tierversuch unauffällig blieb. Bis dahin hatte seine Lysergsäureforschung zu keinem für Sandoz irgendwie nützlichen Ergebnis geführt. Wenn er sich nicht im April 1943 genau diese Substanz noch einmal vorgenommen, wenn dabei nicht zufällig eine winzige Menge an seine Fingerspitzen und von da aus in den Mund geraten wäre, worauf Hofmann ein merkwürdiges Schwindelgefühl ergriffen hatte, wäre er nicht drei Tage später zum Selbstversuch geschritten. Von LSD-25 hätte die Menschheit dann erst viel später erfahren, wenn überhaupt.

Arthur Stoll, der Leiter der Sandoz-Laboratorien, liebte die Kunst. Er beauftragte 1940 den Basler Maler Niklaus Stoecklin, ein Bild für ihn zu schaffen, das alles verkörpern sollte, wofür Sandoz stand, die Chemie allgemein und Forscher wie Stoll und Hofmann im Besonderen. Stoecklin malte ihm »Chemie oder Die neue Zeit«, eine Szenerie im Stil der Neuen Sachlichkeit. Links stehen Arzneipflanzen in Gläsern, Fingerhut, eine Getreideähre mit Mutterkorn. Auf der rotgekachelten Labortischfläche, die das Bild durchzieht, liegen Alraunwurzeln und eine Meereszwiebel. Drei Viertel des

Bildes nehmen die Transformationsapparate ein, Reagenz-gläser, Kolben, Kühler, eine Zentrifuge, ein Bunsenbrenner. Rechts stehen die in Schächtelchen marktfertig verpackten Arzneien von Sandoz, unter anderem das von Stoll entwickelte Ergotamin, auch die Herzstärkungsmittel, an denen Hofmann forschte, aber nicht sein LSD-25. Dafür waren die Umsätze viel zu niedrig. Außer ein paar neugierigen Psychiatern kaufte das Mittel kaum jemand. Hinter Pflanzen, Gerätschaften und Medikamentenpackungen breitet sich ein Morgenhimmelspanorama aus, unten zartrosa, in der Mitte weiß, oben zartblau. Die Chemie im Zustand ihrer Unschuld.

Das Basler Chemiegemälde beantwortet die Frage, warum Kokain und Heroin, Amphetamine, MDMA und LSD lange Jahre als Arzneimittel in Apothekenregalen standen, ohne Politiker und Prohibitionsaktivisten im Mindesten zu bekümmern. Die Substanzen stammten allesamt erstens aus der nüchternen, vertrauenswürdigen, fortschrittlichen Welt der Chemie. Sie entstanden in grundsoliden Unternehmen. Und sie erledigten ihre Arbeit als Medikamente auf den ersten Blick exzellent. Die schmerzstillende Wirkung von Heroin beispielsweise ist dutzendfach höher als die von Opium, als Mittel gegen die Verkrampfung der Atemwege wäre es das beste der Welt, wenn es nicht auch gleichzeitig das Gehirn zu einem einzigen Suchtkreislauf umbauen würde. Bis 1931 gehörte Heroin zu den pharmazeutischen Marken der Bayer-Werke, obwohl Mediziner schon vor dem Ersten Weltkrieg wussten, wie stark es seine Konsumenten in die Abhängigkeit zieht.

Weil die Mittel von weißbekittelten Laboranten in der Basel, Wuppertal und Darmstadt als Medizin hergestellt wurden, weil sie so neu waren, besser als alles zuvor, nüchtern wissenschaftlich wie auf Stoecklins Bild, weil Ärzte sie verschrieben, kam lange Zeit niemand auf die Idee, die Stoffe könnten irgendein Problem darstellen.

Albert Hofmann lebte sehr lange, er stab 2008 mit 102 Jahren bei bester geistiger Gesundheit. Bis zuletzt nahm er LSD in Mikrodosen. Ein Jahr vor seinem Tod nahm er erfreut die Nachricht zur Kenntnis, dass der Psychiater Peter Glasser von Schweizer Behörden die Erlaubnis zum Einsatz von LSD bei psychisch Kranken bekam. In seinem Todesjahr schrieb Hofmann an Steve Jobs, von dessen LSD-Erfahrungen er wusste, und fragte ihn, ob er die Forschung mit Geld unterstützen könne.

Die beiden Ärzte Glasser und Oehen betrachtete der Chemiker mehr oder weniger als seine Erben, die seinen Stoff wieder in die Medizin holten.

Für Oehen waren die Begegnungen mit Hofmann eine Art Zirkelschluss zu der Zeit vor den Verboten. »Ich habe ihn öfter in Basel bei Veranstaltungen getroffen.« Er habe sich bis zum Schluss für die Arbeit von MAPS und die medizinische Forschung interessiert.

»Es war sein großer Wunsch«, sagt Oehen, »dass LSD wieder in den Mainstream zurückkehrt.«

RAUSCH UND REINHEIT

Ein Tag ohne Bier ist wie ein Tag ohne Wein.
THOMAS KAPIELSKI

Die Idee, berauschende Mittel überhaupt für ein absolutes Übel zu halten, zählt zu den neuzeitlichen Ansichten. Erst recht gilt das für den Versuch, eine ganze Gesellschaft durch das staatliche Verbot der verführerischen Mittel auszunüchtern. Die gar nicht so zahlreichen lokalen Abstinenzregime hielten sich nur wenige Jahre. Rausch gehörte zum Leben. Diese Ansicht änderte sich in der westlichen Welt erst im 19. Jahrhundert ganz allmählich. Erst dann kam ein Gedanke auf, den es vorher nicht gegeben hatte: Prohibition. Und selbst unter dem Regime der Rauschunterdrückung blieben die neuen synthetischen Errungenschaften der Chemie lange im toten Winkel, denn jahrhundertelang hielten zwei ganz andere Suchterzeuger die westliche Welt fest im Griff, Alkohol und Opium.

Gegen Alkohol gab es lange Zeit in Europa schon deshalb keine Vorurteile, weil er die Bevölkerung per saldo eher gesund hielt als umbrachte. In einer Zeit, da in Städten und vielen Dörfern Gerbereiflüssigkeiten, Schlachtabfälle und

Fäkalien in Flüsse und Bäche gekippt wurden, in denen Aas und Dreck jeder Art das Wasser verpestete, schätzten die allermeisten Bier und Branntwein als einigermaßen unbedenkliche Getränke. Das durchgegorene Bier wurde deshalb selbst an Kinder verabreicht und Schwangeren wie Stillenden empfohlen, in südlicheren Gegenden Wein.

»Trinke beständig Wein«, verordnete der Arzt Michele Savonarola werdenden Müttern in seinem Ratgeber *De Regime Pregnantium*, der um 1460 erschien. (Bei Michele Savonarola handelte es sich um einen Namensvetter des Florentiner Geistlichen Girolamo Savonarola, der in der toskanischen Stadt seine puritanische Diktatur errichtete. Der Arzt diente dem Herzog von Ferrara.)

Schnaps trug die Bezeichnung *Aqua vitae*, er galt als Arznei, Belebungs- und Stärkungsflüssigkeit. Vor allem zur Desinfektion verfügten die Ärzte über kein anderes Mittel. Sie wussten zwar nichts über Keime, erkannten aber intuitiv den Nutzen des Weingeistes. Der Hofmedicus von Charles II. von Navarra beschloss beispielsweise, den siechen Monarchenkörper 1387 in branntweingetränkte Tücher zu betten, die ihn von Kopf bis Fuß umschließen sollten. Dummerweise nahm die Magd, die auftragsgemäß die Tücher zu einem Sack zusammennähte, nicht die Schere, um das letzte Stück Faden abzutrennen, sondern die Kerze, mit der sie den eingewickelten König in eine Fackel verwandelte. Da der Herrscher nicht grundlos »Charles le Mauvais« hieß, Karl der Schlechte, hielt sich das Mitleid in engen Grenzen.

Der Hochprozentige, das wussten Wohlhabende wie Arme im Mittelalter, diente bestens zur Reinigung von Mundhöhle und Kehle. In vielen Gegenden Europas trank man deshalb schon morgens ein Glas aus hygienischen

Gründen. Nüchternheit kam selten vor, und wenn, dann eher aus Mangel. Für erstrebenswert hielten diesen Zustand die wenigsten.

Das lag auch an den kurzen, heftigen, unpopulären Wellen des Tugendterrors, der periodisch über verschiedene Regionen Europas herfiel. In Florenz brachte der erwähnte Eiferer Girolamo Savonarola 1497 die Bürger dazu, bunte Kleidung, Musikinstrumente, Spielkarten und Bilder im »Fegefeuer der Eitelkeiten« zu verbrennen; auch Gemälde Botticellis gingen in den Flammen auf. Feiern, zu denen der Alkohol gehörte, fanden gar nicht oder nur heimlich statt.

Im 16. Jahrhundert unterwarf der Theologe Jean Calvin die Bürger Genfs einer asketischen Theokratie, er verbot wie sein Vorbild aus der Toskana Trunkenheit, farbige Kleidung, Kartenspiel, ließ Theater schließen und versuchte, Gastwirtschaften aus der Stadt zu vertreiben. Jede Opposition der sogenannten Libertins hielt er gewaltsam nieder. In der Kommune, die damals nur gut 10 000 Einwohner zählte, ließ er in seiner kurzen Herrschaft 139 Menschen wegen aller möglichen Verstöße gegen seine Tugendrichtlinien hinrichten. Beide talibanesken Diktaturen dauerten nur jeweils vier Jahre. Im Jahr 1498 verbrannte Savonarolas Körper genau dort, wo er ein Jahr zuvor die Gegenstände der Lustbarkeit zerstören ließ, auf der Florentiner Piazza della Signoria.

Zwar verschwand der Reinigungseifer nie ganz. Unter Oliver Cromwell, dem selbsterklärten puritanischen Moses, erlebte er in England noch einmal seine fahle Blüte, später wieder in Neuengland und auf noch ganz andere Weise während der großen Prohibition in den Vereinigten Staaten. Aber bis zum 19. Jahrhundert blieb er ohne dauerhaften Einfluss. So einfach ließen sich die Vorlieben der Europäer eben nicht unterdrücken. Wozu auch?, fragten die meisten. Das Leben war riskant und kurz genug.

Als William Hogarth 1751 seine beiden Londoner Sitten-bilder stach, »Beer Street« und »Gin Lane«, übertrieb er nur ein bisschen. Seine Schnapsgasse plazierte er in die Nähe der Oxford Street. Auf seinem Druck bringt der Gin seinen Kon-sumenten von einer Ecke zur anderen Elend, Verfall und vorzeitiges Ableben. Eine Mutter mit syphilitischen Wun-den an den Beinen lässt im Delir ihren Buben von der Treppe Richtung Schnapsladen purzeln, links schütten Waisen-mädchen, an ihren Bändern erkennbar, Gin in sich hinein. Im Hintergrund karrt ein Süchtiger seinen letzten Besitz zum Pfandleiher, ein baufälliges Haus kracht zusammen, während ein bis auf die Knochen ausgezehrter Trunkenbold im Vordergrund des Bildes auf sein Ende wartet.

Blendend ergeht es dagegen den Bierstraßenbewohnern. Prall, fröhlich, Pfeife rauchend sitzen sie in der Szene. Im Hintergrund errichten Bauarbeiter ein Gerüst. Hogarth be-absichtigte überhaupt nicht, seine Landsleute zur Abstinenz anzuhalten. Er empfahl nur sanft mahnend weichen statt harten Alkohol. »Hier gehen Fleiß und Fröhlichkeit Hand in Hand« (»Here, industry and jolly go hand in hand«), kom-mentierte er seine »Beer Lane«. Der Künstler selbst frequen-tierte zusammen mit seinem Mops gern die Londoner Ta-vernen. Auf seinen Streifzügen durch die Kapitale bekam er genügend saftige Szenen mit, mit denen er ganze Bilderzyk-len füllte, etwa »The Rake's Progress«.

Bier, Wein und Schnaps gehörten unangefochten zum öf-fentlichen wie zum privaten Leben, in armen wie in besseren Kreisen, in Europa wie in den jungen Vereinigten Staaten.

Die Rechnung der Abschiedsparty für George Washington am Ende der verfassungsgebenden Versammlung in Philadelphia hält fest, welcher Konsum damals als üblich und schicklich galt. Am 14. September 1787 trafen sich die Spitzen der amerikanischen Politik, 55 Herren, in der City Tavern von Philadelphia, verzehrten dort 54 Flaschen Madeira, 60 Flaschen Claret, acht Flaschen Old Stock Whiskey, 22 Flaschen Porter, acht Flaschen Cider, zwölf Bier und sieben Schüsseln Punsch, zerbrachen einen Weindekantierer und etliche Gläser, zahlten für alles, einen Imbiss aus Oliven und Broten mit Gemüsesoßen (*Relishes*) eingeschlossen, 89 Pfund, vier Schilling und zwei Pence und überlebten den Abend ohne ernsthafte Schäden.

Amerikas völlig unpuritanischer Gründungspräsident begann nach seinem Abschied aus der Politik 1797 im Alter von 65 Jahren eine erfolgreiche Laufbahn als Spirituosenhersteller. Als ihm sein Farmmanager in Mont Vernon vorschlug, den Roggen auf seinen Besitzungen zu veredeln, erkannte er die Chance für ein rentierliches Geschäft. Zwei Jahre später betrieb George Washington die größte Whiskeybrennerei des Landes, die 1799 insgesamt 11 000 Gallonen lieferte, was dem Unternehmer immerhin ein Zubrot von 1 800 Dollar eintrug (sein Präsidentengehalt hatte 1789 bei 25 000 Dollar jährlich gelegen, was an Kaufkraft das heutige Salär von 400 000 weit übertrifft). Übrigens baute der Ruhestandspräsident auf seiner Farm auch Hanf an.

Die Ansichten über Alkohol und Opium änderten sich erst, als beides in ganz anderen Mengen verzehrt wurde. Vielmehr, als es zum Mittel der Massen geworden war, weit über Hogarths Szenen hinaus. Denn der fröhliche respektive heillose, aber jedenfalls exzessive Suff beschränkte sich lange auf wenige Städter, die am Beginn des 18. Jahrhunderts nur gut ein Zehntel der Bevölkerung ausmachten. Zum einen wuchsen die Städte, zum anderen nahmen Wohlstand und Ernten zu. Viele Gutsbesitzer in Deutschland erkannten, dass sich aus der gerade erst heimisch gemachten Kartoffel sehr gut Kartoffelschnaps destillieren ließ, wesentlich haltbarer als die Knolle selbst und mit höherem Gewinn auf den Markt zu bringen, zumal mit der allgemeinen Kaufkraft die Nachfrage stieg. Es griff eine bis dahin nicht gekannte Erscheinung um sich, der Pamphletisten um 1800 den Namen Branntweinpest gaben. Dazu gab es noch eine regelrechte Bierschwemme, nicht nur in Deutschland, sondern überall, wo die Industrialisierung bettelarme Landarbeiter in immer noch arme Proletarier verwandelt hatte, die allerdings öfter ein paar Münzen für Branntwein, Bier und Opiumtinktur erübrigen konnten als ihre Vorfahren.

Nirgends ging die Bewegung zum Massenrausch schneller voran als im Vereinigten Königreich. Savonarola und Calvin mussten die radikale Nüchternheit mit Gewalt durchsetzen. Im Europa der neuen Zeit schlug das Pendel ohne Nachhilfe weit zum Rausch aus.

Friedrich Engels zeichnete in seinem Werk *Die Lage der arbeitenden Klasse in England* das Bild eines Landes, in dem Enthaltsamkeit sehr viel seltener anzutreffen war als der Suff. Im Jahr 1830, so rechnet er vor, sei jedes zwölfte Haus in Glasgow ein *public house* gewesen, 1840 schon jedes zehnte. Der Verbrauch an Spirituosen sei in Schottland zwischen 1823 und 1837, also in der frühen Zeit der Industrialisierung, von 2,3 Millionen Gallonen auf 6,62 Millionen gestiegen, in England von 1,97 auf 7,87 Millionen Gallonen. Zwischen 1831 und 1841 war die Bevölkerung Englands von 12,01 auf 13, 65 Millionen Menschen gewachsen; die gründliche Durchalkoholisierung der neuzeitlichen Gesellschaft kam also sehr viel schneller voran als ihr Wachstum.

Nicht nur der Zuzug in die Städte förderte den großen Alkoholdurst, sondern auch der Staat, genauer gesagt, der Fiskus. Mit dem *Beer Act* von 1830 verteilte die Behörde kostenpflichtige Lizenzen für das Bierbrauen im eigenen Haus und für den Ausschank an Kundschaft. Neben den legalen Brauereien und Destillerien existierte eine kaum zu schätzende Menge illegaler Brennereien. Spätestens von dieser Zeit an fiel es schwer, in englischen Städten noch zusammenhängende Gebiete der Nüchternheit zu finden.

Zu der Alltagsdroge mit der längsten Tradition kam in Europa noch eine zweite, die im Orient eine sehr viel ältere Geschichte besaß, nämlich Laudanum, zu deutsch »das Gelobte«. Die Mixtur, zehn Prozent Opium, gelöst in Wein, machte in der westlichen Welt des 16. Jahrhunderts ein Arzt namens Theoprastus Bombastus von Hohenheim populär, besser bekannt unter dem Namen Paracelsus. Er kurierte nicht nur, sondern arbeitete zeitweise auch als Chemiker und Arzneimischer in Basel, am gleichen Ort und im gleichen Fach also wie Albert Hofmann, allerdings mit einer ungleich stärkeren Wirkung auf die Gesellschaft.

Ein Paracelsus-Porträt im Kunstmuseum Brüssel zeigt einen Mann mit einem leicht aufgeschwemmten, fast groben Gesicht und wuchtigem Doppelkinn. Als damals berühmtester Mediziner der Alten Welt brachte er eine »Opioid Crisis« über den Kontinent, gegen die sich die heutige Opioid- und Heroinkrise der amerikanischen Mittelschicht übersichtlich ausnimmt. Branntwein als *Aqua vitae* galt als gelegentliches Heilmittel, Laudanum als die Universalmedizin schlechthin bei Schmerzen aller Art, Schwermut, Monatsbeschwerden oder einfach gegen die Last des Alltags. Mütter verabreichten die Tinktur, um Säuglinge zu beruhigen. Ganz ähnlich wie Schnaps und Bier erfuhr die Arznei ihren wirklich großen Schub erst mit dem Beginn der Moderne. In seinen *Bekenntnissen eines englischen Opiumessers* beschreibt Thomas de Quincey 1821 einen ökonomischen Grund für die Allgegenwart der Droge: Sie war billiger als Bier und selbst als Gin, ganz ähnlich, wie heute Crystal Meth auch deshalb konsumiert wird, weil eine Dosis weniger kostet als ein doppelter Drink in der Diskothek.

»Doch wird es den Leser vielleicht noch mehr überraschen«, erzählt de Quincey in seinen Bekenntnissen, »was ich vor einiger Zeit auf meiner Durchreise in Manchester von mehreren Baumwollfabrikanten hörte, nämlich, daß sich ihre Arbeiter mit erstaunlicher Geschwindigkeit das Opiumessen angewöhnten, so daß jeden Samstagnachmittag die Apotheker ihre Ladentische mit Pillen zu ein, zwei und drei Gran spickten, um für die am Abend einsetzende Nachfrage gerüstet zu sein. Die unmittelbare Ursache dieser Angewohnheit seien die niedrigen Arbeitslöhne, die es dem Arbeiter nicht erlaubten, sich mit Bier oder Spirituosen zu betäuben, und es sei zu erwarten, daß das Laster mit steigenden Löhnen wieder verschwinde.

Ich allerdings glaube nicht, daß ein Mensch, der einmal die himmlischen Lüste des Opiums gekostet hat, je wieder zu den großen und vergänglichen Freuden des Alkohols herabsteigen wird, und halte es für gewiß.«

Wie in der »Opioid Crisis« der USA heute löste sich die

Grenze zwischen Medizin und Rausch praktisch auf. Nicht nur die Arbeiter von Manchester nahmen Laudanum gegen Schmerzen ebenso wie für den Samstagsabendrausch, sondern auch Bessergestellte, Bohemians, Dichter. Und der brillante Chronist Thomas de Qincey selbst. Seine ersten Tropfen schluckte er, wie er schreibt, gegen rheumatische Schmerzen, um dann sehr schnell die »Freuden des Opiums« zu entdecken.

»Hier war das Geheimnis der Glücksseligkeit, über das Philosophen so vieler Jahrhunderte gestritten hatten, auf einmal enthüllt. Nun konnte man für einen Penny die Glücksseligkeit kaufen und in der Westentasche bei sich tragen.«

De Quincey erwarb seine ersten Laudanumtropfen an einem trüben Sonntag des Jahres 1804 von einem Apotheker in der Londoner Oxford Street. Pillenhersteller boten die Mixtur hauptsächlich an, allerdings auch Barbiere, Eisenwarenkrämer und fliegende Händler. Ein populäres Rezept der damaligen Zeit gegen Husten (weitverbreitet schon wegen der damaligen Wohnverhältnisse der Armen und der grassierenden Tuberkulose) lautete folgendermaßen: »Zwei Esslöffel Weinessig, zwei Esslöffel Zuckersirup, 60 Tropfen Laudanum. Einzunehmen zur Nacht und am Morgen.«

Erst der *Pharmacy Act* von 1868 beschränkte den Verkauf in Großbritannien auf registrierte Drogisten. Von einer Prohibition war diese Regelung noch unendlich weit entfernt. Das konnte auch gar nicht anders sein, denn das Empire schickte im Namen der Königin Victoria zweimal seine Soldaten in einen Krieg gegen Chinas Quing-Dynastie, von 1839 bis 1842 und noch einmal von 1856 bis 1860, um den Weg für britische Importe buchstäblich freizuschießen, vor allem für die Anlandung von Opium aus den indischen Besitzungen – was der Bezeichnung »Drogenkrieg« einen ganz anderen Vektorpfeil verpasst. Seit der Eroberung Kalkuttas im Jahr 1756 durch Truppen seiner Majestät gehörte der Handel mit Opium zu den profitabelsten Geschäften der East India Company, und von deren Handelserfolg wiederum profitierte die Steuerkasse des Vereinigten Königreichs.

In China zeigte sich nahezu das gleiche Muster wie in Europa; Opiumtinktur gehörte dort schon im 14. Jahrhundert zu den gängigen Arzneien und Genussmitteln. Aber erst die frühe Globalisierung – der britische Handel von Ostindien nach China – machte Opium zur Massendroge, was den Kaiser dazu brachte, eine Art nationalen Sonderbeauftragten zur Suchteindämmung einzusetzen, General Lin Zexu.

»Nach einer Zeit des Handelsverkehrs erscheinen in der Menge der Barbaren sowohl gute als auch schlechte Personen im ungleichen Verhältnis«, beklagte sich der General 1839 in einem Brief an Königin Victoria (eine Eingangsbestätigung aus London gibt es nicht). »In der Folge gibt es diejenigen, die Opium schmuggeln, um das chinesische Volk zu verführen und so das Gift in alle Provinzen verbreiten.«

Im gleichen Jahr begann der Opiumkrieg, die britische Krone setzte, wie gesagt, ihre Handelsinteressen mit Kanonen durch.

An eine breite und sogar staatlich geförderte Verbotsbewegung wie im 20. Jahrhundert war also schon wegen der Staatsräson gar nicht zu denken. Nicht gegen Opium, nicht gegen Schnaps, Bier und Wein.

So high wie in der zweiten Hälfte des 19. Jahrhunderts kam die westliche Welt nie wieder zusammen.

Die fast totale Durchtränkung der Gesellschaften in England, Irland, Deutschland und anderswo in Europa mit Drogen brachte seit den 1830er Jahren nach und nach eine Gegenbewegung in Gang. Nicht eifernd wie die von Savonarola und Calvin, nicht staatlich, nicht machtvoll, sondern in ihren Anfängen eher zaghaft.

Aus dieser Wurzel entstand ein anderer Rausch erst sehr viel später: der Exzess der Prohibition. Zunächst einmal formierten sich die Mäßiger im *Temperance Movement*. Ihr bescheidenes Ziel lautete, den einzelnen zum Verzicht aus freiem Willen zu bekehren.

Wie eine Erzählung von James Joyce klingt der Ursprungsmythos der Temperenzler; angeblich kippte 1829 der Dubliner Theologieprofessor und Presbyterianer John Edgar im Zustand fortgeschrittener Zerrüttung seine Whiskyvorräte aus dem Fenster auf das Straßenpflaster. Um 1830 wuchs die Abstinenzlerbewegung schnell, geführt von wohlhabenden Philanthropen, zu deren Kreis bemerkenswerte Charaktere gehörten. Zu den berühmtesten Abstinenzlern seiner Zeit zählte Richard Turner, ein Fischhändler mit der Gabe der bilderreichen Rede, gemischt mit der Eigenheit gelegentlicher Wortfindungsstörungen und Konfusionen. Beides würzte seine Rede. Zu seinen schönsten Sätzen gehört der Ausruf: »Wir werden mit den Äxten auf unseren Schultern losziehen, um eine große Tiefe einzupflügen, und dann wird das Schiff der Abstinenz mit Eleganz über das Land segeln.«[4] Auf einer Temperenzlerversammlung in Preston prägte er 1833 das auch heute noch übliche englische Wort für Alkoholverzicht und Abstinenzler, *teetotal* und *teetotaler*. Anglisten streiten heute noch, ob er einfach stotterte, als er dem Publikum zurief, »nothing but the tee-total would do«, oder ob er ein neues Wort erfunden hatte, weil ihm das, was er eigentlich sagen wollte, entfallen war.

Innerhalb weniger Jahre entstand ein Reich der Temperenzler, halb Bewegung, halb Geschäft, ganz ähnlich wie die Cannabisindustrie 180 Jahre später. Joseph Livesey, ein Unternehmer, Wohltäter und Vorkämpfer gegen den Alkohol, gründete 1833 das erste Temperenzler-Hotel und ein Jahr später das erste einschlägige Magazin, *The Preston Temperance Advocate*. Es gab gut besuchte Veranstaltungen, auf denen Livesey, Turner und andere auftraten, die ersten Ärzte boten Entziehungskuren an. Eine nationale Nüchternheitsorganisation einstand 1835, *The British Association for the Promotion of Temperance*.

Nur eines kam noch nicht vor, als sich die frühen Gegner des Rauschs formierten, die Forderung nach einem Verbot von Rauschmitteln. Livesey, Turner und andere Mäßigungsadvokaten sahen in Alkoholgebrauch die Bürde des selbstverantwortlichen Trinkers, die auch nur der Einzelne abschütteln konnte, mit Hilfe der Abstinenzbewegung, aber aus freiem Willen, nicht durch behördlichen Zwang.

Wie die musterhafte Bekehrung aus besserem Wissen aussehen sollte, erzählt der deutsch-schweizerische Schriftsteller Heinrich Zschokke in seinem Büchlein *Die Branntweinpest* von 1837 am eigenen Exempel. Auf einer Reise durch England trifft er auf einen Schweizer Arzt, den Zschokke um Rat wegen seiner chronischen Magenprobleme bittet. Der Doktor kommt ihm nicht mit Moral; er hält einen medizinischen Vortrag.

»Meine Klage gab zu einem sonderbaren Gespräch Anlaß. Denn er sah mich eine Weile mit seinen schwarzen Augen fest an, als wollt' er mich durch und durch schauen; dann sagte er ganz trocken: ›Es kann mit Euch, Herr Landsmann, noch ärger kommen!‹

– ›Das verhüte Gott! – rief ich erschrocken: Ich weiß nicht, was Schuld daran ist.‹

Er antwortete: ›Aber ich weiß es schon seit einigen Tagen, da wir mit einander reisen. Der Schnapps, den ihr zuweilen nehmt, ist Schuld, wiewohl Ihr, Herr Landsmann, eben nicht zu viel trinkt, z. B. nur Morgens nüchtern etwa ein Gläschen Rum; nach dem Mittagessen ein Glas Kirschwasser zum Kaffee; Abends noch einmal zum Schlaftrunk eins.‹

– ›Ei, Ihr treibt wohl Euern Spaß mit mir, Doktor!‹ entgegnete ich: ›ein Glas guten Likörs zuweilen kann nicht schaden, da ich sonst einfach zu leben gewohnt bin. Das bringt mir ein leichtes Wohlbehagen; stärkt und wärmt mir den Magen; regt meine Lebensgeister etwas an, und Alles geht zehnmal besser von statten. Ich schwör' Euch, die ganze Welt sieht nach einem mäßigen Schnapps viel freundlicher aus, als vorher.‹

Der Doktor erwiederte: ›Ganz recht! Das ist allezeit die gute und die *erste* Wirkung von gebrannten Wassern. Darum liebt man dies Getränk auch allgemein. Aber die unfehlbare, *zweite* Wirkung ist nicht so gut; es macht Euch hintennach schläfrig, schlaff und abgespannt; schwächt Magen und Eingeweide; überreizt dabei die Nerven; zersetzt endlich das Blut in den Adern, daß es mit der Zeit wie geronnen wird; macht bei herrschenden Fiebern und Seuchen im Lande den Körper für dieselben weit empfänglicher, und wenn den Menschen irgend einmal eine Krankheit befällt, wird sie gefährlicher, als bei andern Leuten, die keiner hitzigen Getränke gewohnt sind.‹«

Zschokkes Schlussfolgerung besteht darin, sich künftig besser an Wein zu halten.

Den Begriff »Alkoholismus« als Krankheitsbeschreibung prägte erst deutlich später, nämlich 1852, der schwedische Mediziner Magnus Huss. Und es dauerte noch einmal einige Jahre, bis die Vorstellung von individuellem Suff und selbstgewollter Abstinenz durch einen ganz anderen Gedanken verdrängt und schließlich vernichtet wurde, nämlich durch die fixe Idee der gesellschaftlichen Degeneration. In dieser Lehre handelte es sich beim Alkoholismus nicht mehr um die eigentliche Krankheit, sondern nur um das Symptom einer kranken Gesellschaft.

Nie hätte es eine Drogenprohibition gegeben ohne die Überzeugung, die ganze Zivilisation befinde sich auf der schiefen Bahn. Bis heute soll das Verbot von Rauschmitteln nicht den Einzelnen retten, sondern immer das große Ganze.

In Frankreich, der Schweiz und Deutschland nahm die Bewegung gegen den Rausch einen grundsätzlich anderen Weg als in England. Dort standen teils exzentrische Philanthropen an der Spitze, auf dem Kontinent vor allem Psychiater. Ihre Schriften und Appelle führten zum Sieg der Degenerationstheorie.

Eine führende Rolle spielte dabei ein Seelenarzt, der zu den exzellentesten seiner Zeit gehört, der Psychiater Emil Kraepelin. Sein unauslöschliches Verdienst erwarb er sich als Bekämpfer der Depression. Er beschrieb sie als Erster als organisch bedingte Krankheit und führte praktische Therapien ein, beispielsweise den Patientenfragebogen zur Dokumentation von Leidensdruck und Krankheitsverlauf. Gleichzeitig befasste er sich am Ende des 19. Jahrhunderts stärker mit der auch unter französischen Psychiatern populären These, im Alkoholismus, ja eigentlich im Alkoholgenuss überhaupt zeige sich der zivilisatorische Niedergang. Fasziniert zeigte sich Kraepelin vor allem von Forschungsergebnissen, nach denen Alkoholiker ihre Krankheit und andere psychische Schäden vererbten.

Auf Psychiatriekongressen forderten Ärzte eine Art Zwangsausnüchterung der Gesellschaft, am radikalsten Kraepelins Kollege Karl Ludwig Kahlbaum, der vorschlug, Trinker zum Wohl der Gesellschaft zu deportieren und auf Inseln anzusiedeln.

»Mir kam es nur darauf an«, so Kahlbaum in seinen Erinnerungen, »bei einer, wie mir schien, exquisiten geeigneten Gelegenheit, einen Gedanken für praktische Ausführung veröffentlichen zu können, der möglicher Weise zu glücklicher Stunde als Samenkorn auf einen fruchtbaren Boden fällt, und wenn ihm dismal der Sonnenschein für glückliches Aufgehen fehlen sollte, als geflügelter Same in alle Winde getragen wird und dann irgend wo anders auf fruchtbaren Boden gerathen kann.«

Niemand ging damals auf Kahlbaums Vorschlag ein; möglicherwiese fiel er den meisten Medizinern schon mit seinem schwülen Vortragsstil auf die Nerven. Aber seine Idee brachte Degenerationsangst und Reinigungsphantasie besser auf einen Nenner als die meisten Wortmeldungen seiner Kollegen.

Unter den doppelgesichtigen, halb philanthropischen, halb totalitären Psychiatern dieser Zeit ragt eine Erscheinung weit heraus, der Schweizer Arzt Auguste Forel. Als Gehirnforscher zählte er zu den wichtigsten seiner Zeit, er beschrieb als Erster die Neuronen, erregbare Nervenzellen, die über elektrische oder chemische Signale Informationen im Gehirn weiterleiten. Außerdem verfasste er als Ameisenforscher ein Standardwerk.

Zu Ruhm und Einfluss kam er allerdings durch seine politischen Ideen. Forel war glühender Sozialist und Mitglied des Schweizer Guttemplerordens, einer in den USA gegründeten internationalen Organisation zur Bekämpfung des Alkoholgenusses. Das Trinken prangerte er, ganz ähnlich wie Friedrich Engels, als Fluch der Arbeiterklasse an, aber auch ganz grundsätzlich als Zivilisationsleiden, das ohne entschiedene Maßnahmen unweigerlich zum Niedergang der westlichen Gesellschaften führen müsse. Sein Rettungs- und Gegenmittel bestand in der Ausmerzung von allem, was er für pathologisch hielt, und er bedauerte, dass ihn die Rechtsordnung in der Schweiz und Mitteleuropa dabei bremste.

»Früher, in der guten alten Zeit«, notierte Forel, »machte man mit unfähigen, ungenügenden Menschen kürzeren Prozess als heute. Eine ungeheure Zahl pathologischer Gehirne, die (…) die Gesellschaft schädigten, wurden kurz und bündig hingerichtet, gehängt oder geköpft, der Prozess war kurz und insofern erfolgreich, als die Leute sich nicht weiter vermehren und die Gesellschaft mit ihren entarteten Keimen nicht weiter verpesten konnten.«

Der Mediziner schloss sich mit seinen Reinigungsgedanken an die damals im Aufstieg befindliche Rassenlehre an.

»Welche Rassen sind für die Weiterentwicklung der Menschheit brauchbar, welche nicht?«, fragte Forel. »Und wenn die niedrigsten Rassen unbrauchbar sind, wie soll man sie allmählich ausmerzen?«

In ihm mischten sich Ideen, die einander damals, jedenfalls in seinem Kopf, nicht ausschlossen. Obwohl Rassenhygieniker, setzte er sich für die Völkerverständigung ein und erklärte sich öffentlich gegen Antisemitismus. Während er Alkohol am liebsten ganz verboten und dafür zu freiheitsfeindlichen Mitteln gegriffen hätte, warb er für die Emanzipation von Frauen und Homosexuellen.

Im Jahr 1879 wurde der Psychiater Direktor an der Psychiatrischen Klinik Burghölzli in Zürich. Dort ließ er an Insassen die ersten zwangsweisen Sterilisationen und Kastrationen Europas durchführen. Auf ihn ging auch das 1928 beschlossene Sterilisationsgesetz im Kanton Waadt zurück, das erst 1985 aufgehoben wurde. Bis zum Jahr 2000 schmückte Auguste Forels gütiges weißbärtiges Haupt die 1000-Franken-Note der Schweiz.

DER FLUG DES KOLIBRI
ZUM MARS

One pill makes you larger
And one pill makes you small
And the one that mother gives you
Don't do anything at all
JEFFERSON AIRPLANE, »WHITE RABBIT«

Wer von den Drogen des 21. Jahrhunderts erzählen will, muss von der Prohibition erzählen. Denn sie bildet bis heute den gemeinsamen Hintergrund aller Substanzen. In der größten aller Rauschbekämpfungen, der amerikanischen Alkoholprohibition zwischen 1920 und 1933, zeigt sich das Muster aller anderen Prohibitionen: der politische Wille, das praktische Scheitern, der lange Abnutzungskrieg zwischen Diktat und Realität.

Es gab bis zum Ende des 19. Jahrhunderts zwar die kurzen Tugendregime eines Savonarola und Calvin, es gab Herrscher, die vorübergehend Verbote erließen, etwa der humorlose englische König Charles II., dessen Edikt 1675 den Ausschank von Kaffee untersagte (allerdings eher, um die

3000 Kaffeehäuser allein in London zu treffen, in denen politisiert und gelästert wurde).

Etliche Religionen verbieten zwar den Genuss bestimmter Dinge. Aber weder untersagte der Islam den Konsum des im Orient verbreiteten Opiums, schon gar nicht beseitigte er seinen Gebrauch, genauso wenig das Kauen der Khat-Blätter, obwohl die Rauschpflanze schon im 14. Jahrhundert von Äthiopien auf die arabische Halbinsel kam, wo sie heute noch den Status einer Volksdroge besitzt. Haschisch – der Name stammt von dem arabischen Wort *hasis*, Gras – blieb in der arabischen Welt auch nach Mohammeds Eroberungen unangetastet. In China, wie schon beschrieben, reicht der Opiumgenuss ebenfalls Jahrhunderte zurück, ohne dass der Konfuzianismus oder ein Kaiser je Nüchternheit geboten hätte. Verschiedene Religionen lassen Gott sogar durch Substanzen sprechen. Das Christentum bietet im Abendmahl Wein als Verkörperung des Blutes Christi an; die Indios des mexikanischen Hochlandes glaubten, Gott spräche direkt zu ihnen durch den Pilz Tenonanacatl, den von Albert Hofmann analysierten Psilocybin-Pilz, und übertrugen den alten Rauschritus nach der Missionierung gewissermaßen als Hostienersatz auf ihre Spielart des Christentums.

Die Idee, in einem Staat gewaltsam und flächendeckend alle wichtigen Rauschmittel zu unterdrücken, und zwar das populärste zuerst, im Westen also Alkohol, dieser Gedanke existierte bis zur zweiten Hälfte des 19. Jahrhunderts überhaupt nicht. Die Phantasie der totalen Erlösung durch Nüchternheit entstand in diesen Jahrzehnten Schritt für Schritt, ganz ähnlich wie die von Forel und vielen anderen willkommen geheißene Theorie der höheren und niederen Rassen sich etablierte. Alle gesellschaftlichen Großtheorien der Moderne durchliefen nach der Jahrhundertmitte in Mitteleuropa und den USA eine Inkubationszeit. Theoretiker lieferten die Programme, Anhänger organisierten sich, Massenpublikationen verbreiteten die Ziele. Und alle Reinigungsideologien erfuhren ihre Verwirklichung erst im 20. Jahrhundert, dem Jahrhundert der Menschenexperimente.

Bis zum Ersten Weltkrieg gelang keiner der Bewegungen der Durchbruch. Die Antialkoholbewegung, so mächtig sie schon war, konnte nur auf einem winzigen Feld triumphieren, nämlich gegen den Absinth. Dem Getränk wurde – sozusagen als Ersatzfeind für den vorerst nicht zu packenden gemeinen Alkohol – von den Temperenzlern eine teuflische Gefährlichkeit angedichtet, von der angeblich schon durch wenige Gläser ausgelösten Sucht bis hin zur geisteszerrüttenden Wirkung. Tatsächlich richtete der mit bis zu 78 Prozent hochprozentige Absinth nicht mehr Schäden an als jeder andere hochtourige Alkohol. Seine Farbe erhält der Trank durch den Wermut, zur Mischung gehören außerdem grüner Anis, Fenchel und winzige Spuren des psychoaktiven Pflanzenstoffs Thujon, der allerdings so homöopathisch darin vorkommt, dass er keine Wirkung entfaltet. Wahrscheinlich trugen weniger die Ingredienzien zum schlechten Image des Absinths bei als der Umstand, dass er als Getränk der Bohemiens schlechthin galt, als bevorzugte Erfrischung von Leuten wie Charles Baudelaire, Paul Verlain, Arthur Rimbaud, Henri de Toulouse-Lautrec, Oscar Wilde. Mit anderen Worten, Alkoholgegner sahen hier die Blumen des Bösen nur so sprießen. Der *fée verte* ging es ganz ähnlich wie im 20. Jahrhundert Cannabis, das auf ähnlich übertriebene Weise zur Gesellschaftsgefahr stilisiert wurde, auch deshalb, weil es zum gegenkulturellen Symbol geworden war.

Als erste Staaten verboten Belgien und Brasilien 1906 den Absinth, es folgte 1908 die Schweiz nach einer Volksabstimmung. Die Niederlande untersagten den Konsum 1909, fünf Jahre später folgten Frankreich und die USA. Es handelte sich um einen klassischen Ersatzschuldigen, denn das allgemeine Alkoholverbot scheiterte nicht nur an den Interessen der Wein-, Spirituosen- und Bierhersteller, sondern auch am Einfluss der Zeitungen, deren Verleger wiederum wussten, woher ihre treuesten Inserenten kamen. Auch die Finanzminister zeigten wenig Neigung, auf ihre Steuereinnahmen zu verzichten. Der Schlachtruf französischer Temperenzler lautete folgerichtig: *tous pour le vin, contre l'absinthe.*

Mit ihrem Sieg über die »grüne Fee« hätte sich die Prohibitionsbewegung eigentlich begnügen können. Schließlich war die Branntweinsauferei in Deutschland seit einer Steuererhöhung schon seit 1887 deutlich zurückgegangen. Und auch in anderen westlichen Ländern stieg der Alkoholverbrauch kaum mehr an. Kokain, Heroin und andere Substanzen rückten kurz vor dem Ersten Weltkrieg ganz allmählich in den Blick der Politiker. Aber auch hier ging es noch längst nicht um ein Verbot. Zur Internationalen Opiumkonferenz in Den Haag 1912 führten verschlungene und eigentlich gegenläufige Wege. Zum einen wuchs in den Vereinigten Staaten der Hass auf chinesische Einwanderer, nicht nur unter reaktionären Politikern, sondern auch unter weißen Arbeitern, die chinesische Immigranten als billige Konkurrenz sahen. Unzählige Reden, Artikel und Karikaturen zeichneten das Bild des wilden, gefährlichen, kriminellen und vor allem opiumrauchenden und opiumhandelnden Chinesen. Opium galt in der öffentlichen Meinung als chinesisches Laster

schlechthin. Wer in den USA zur Opiumbekämpfung auf-
rief, meinte eigentlich die Eindämmung der »gelben Gefahr«. Massenwirksam malt der amerikanische Film *Just Jim*
von 1915 diesen Schrecken aus; Jim, der eigentlich schon ge-
läuterte Held, wird von schmuggelnden Chinesen schang-
hait. Selbst der eigentlich eher liberale Herausgeber der *New
York Tribune*, Horace Greeley, ließ sich zu einem toxischen
Ausbruch hinreißen. »Die Chinesen«, schrieb er, »sind unzi-
vilisiert, unsauber und schmierig jenseits jeder Vorstellung,
ohne jede höheren häuslichen oder sozialen Beziehungen,
lüstern und fleischlich in ihren Neigungen; jede Frau ist eine
Prostituierte der niedrigsten Ordnung.«[5]

Andererseits bekämpfte ausgerechnet Chinas Regierung die
Opiumsucht in ihrem Land, allerdings hauptsächlich als ver-
derblichen Einfluss des Westens. Großbritanniens Opium-
kriege saßen dort noch frisch im Gedächtnis. So treten para-
doxerweise die Delegationen aus den USA und China als
treibende Kräfte bei der Haager Opiumkonferenz von 1912
auf. Ihre Motive waren vor allem innenpolitische. Am Ende
unterzeichneten zwölf Staaten die Haager Opium-Konven-
tion: die USA, China, Deutschland, Frankreich, Großbritannien, die Niederlande, Italien, Portugal, Russland, Japan,
Persien und Siam. Aber auch sie einigten sich nur auf die
Kontrolle von Herstellung und Handel, nicht auf ein völliges
Verbot. Deutschland tat sein Bestes, um Amphetamine aus
den Verhandlungen herauszuhalten. Etliche Staaten unter-
schrieben trotz ausdrücklicher Einladung nicht, etwa die
Schweiz. In ihrem Land, antwortete der Bundesrat höflich, werde kein Opium angebaut, eine andere als die medizinische Nutzung gebe es nicht, und sie sei angesichts der

Schweizer Gepflogenheiten auch nicht zu erwarten. Selbst der *Harrison Narcotic Tax Act* von 1914, den Williams Burroughs später den Beginn der Drogenprohibition nannte, schränkte die chemischen Rauschmittel nur ein, unterdrückte sie aber nicht total.

Hätte es einen anderen Schmetterlingsflügelschlag der Geschichte gegeben, wäre es womöglich nie zu einer allgemeinen Rauschmittelunterdrückung in irgendeinem Staat gekommen. Es mussten sogar mehrere Flügelschläge zusammenkommen, um das Unwahrscheinliche möglich zu machen. Denn zwangsläufig war die Verwirklichung der schon ausgearbeiteten Großtheorien in keinem Land, das es dann schließlich traf. Die versuchte Befreiung der Arbeiterklasse durch Verstaatlichung aller Produktionsmittel fand in Russland statt, einem Reich ohne nennenswerte Arbeiterklasse, die furchtbare Exekution der Rassentheorie ausgerechnet in der Heimat Kants und Goethes. Eine weltweit einzige Alkoholprohibition setzten Politiker in den Vereinigten Staaten durch, dem Land der Freien. Und sie betraf tatsächlich nur den Alkohol, das Mittel der Massen, während Heroin erst später an die Reihe kam (1924) und Substanzen wie MDMA und andere Amphetamine noch völlig unbeachtet blieben. In Deutschland verbot das Opiumgesetz erst 1929 Opium, Heroin und bemerkenswerterweise auch Cannabis.

Lag die Entscheidung tatsächlich in der Hand von Politikern? Eine Mehrheit der Kongressabgeordneten verabschiedete am 16. Januar 1919 den 18. Verfassungszusatz, der Herstellung, Handel und Ausschank aller alkoholischen Getränke untersagte. Aber bis es zu dieser einzigartigen Proklamation kam, mussten viele historische Stränge zusammenfinden, die mitunter wenig gemeinsam hatten, aber zumindest im Nachhinein betrachtet in die gleiche Richtung führten. Das Muster ähnelt in seiner Ambivalenz erstaunlich der heutigen Drogenentkriminalisierungsbewegung. Sie wickelt gewissermaßen ab, was sich damals über Jahrzehnte hinweg formierte.

Religiöse Abstinenzlerverbände wie die Guttempler, gegründet 1851, gewannen mehr und mehr an Einfluss. Vor allem an der Ostküste bestimmten Puritaner, was als schicklich zu gelten hatte, nämlich das ziemliche Gegenteil der lockeren Gründervätersitten zu George Washingtons Zeiten. Wer die geregelte, asketische strebsame Neuenglandwelt um 1860 näher kennenlernen will, der erfährt darüber mehr als irgendwo sonst in Henry James' großartigem Roman *Die Gesandten*, dessen ebenfalls famoser Held Lewis Lambert Strether aus einer Kleinstadt in Massachusetts nach Paris versetzt wird.

Als mindestens genauso wichtig wie Puritaner erwiesen sich Sozialmoralisten, die nach dem Ende der Sklaverei ein neues Ziel suchten. Sie sahen ihren Kampf gegen den Dämon Alkohol wie der Schweizer Sozialist Forel als Teil der Arbeiteremanzipationsbewegung. Ein Quentchen zum Aufstieg der Temperenzler trug auch der Umstand bei, dass Abraham Lincoln, untadeliger Präsident und Sieger im Bürgerkrieg, zu den überzeugten Nichttrinkern gehörte. Nach eigenen Worten hatte er seiner sterbenden Mutter versprochen, »niemals etwas Berauschendes als Getränk zu genießen«.[6]

Allerdings verachtete und bekämpfte er Trinker nicht; auf einer Rede vor der *Washingtonian Temperance Society* in Springfield sagte er 1842 den lebensweisen Satz: »Nach meinem Urteil sind jene von uns, die niemals Opfer wurden, eher durch die Abwesenheit von Verlangen verschont geblieben als durch irgendeine geistige oder moralische Überlegenheit über diejenigen, die es getroffen hat.«[7]

Seit den 1830er Jahren organisierten sich Alkoholgegner in den USA, also zur gleichen Zeit wie in Europa, allerdings mit einem wesentlichen Unterschied. Anders als die britischen Temperenzler oder ein Heinrich Zschokke zielten sie nicht auf die Bekehrung des Trinkers aus freien Willen, sondern auf das staatliche Verbot zum Besten der Bürger. Im Jahr 1838, das als »Petitionsjahr« in die US-Geschichte einging, wandten sich Temperenzlervereine in sechs Staaten an die jeweiligen Parlamente, um den Alkoholausschank wenigstens einzuschränken. Einige Staaten begrenzten die Alkoholmenge, die an Einzelne verkauft werden durfte, andere erhöhten drastisch die Steuern oder verbannten harten Alkohol. In Connecticut erließ die Regierung 1855 ein komplettes Alkoholverbot, das allerdings nur zwei Jahre lang hielt. Es nutzte eben wenig, wenn gleich jenseits der Staatsgrenze gebraut, destilliert und gehandelt werden durfte. Ein Alkoholhandelsverbot in Maine 1851 umgingen gewitzte Wirte und Händler, indem sie ihrer Kundschaft eingelegtes Gemüse oder ein Stück Käse zu überteuerten Preisen vorsetzten und dazu einen freien Drink spendierten.

An den ewigen Tricks und Ausweichbewegungen ließ sich ablesen, wie wenige Amerikaner sich durch puritanische Propaganda und gelegentliche Gesetzesverschärfungen trockenlegen ließen. Die Alkoholgegner nahmen die Foppereien deshalb eher als Beweis, dass mit halbherzigen Maßnahmen nichts zu holen war. So dachte der Anwalt Wayne Wheeler, Vorsitzender der *Anti-Saloon League*, ein geschickter Organisator und fähiger Stratege, der die auch heute in den USA bei allen möglichen Gesellschaftsthemen benutzte Praxis des *Wheelerism* erfand. Dessen Prinzip bestand darin, mit beiden Parteien zusammenzuarbeiten, Demokraten und Republikanern, und jeweils die Kandidaten zu unterstützen, die ein bestimmten Anliegen vertraten. In diesem Fall die landesweite Prohibition. Wheelers Verfahren erwies sich als außerordentlich erfolgreich.

Bis zu der Zeit vor dem Ersten Weltkrieg kämpften die *Dry's* – die Befürworter des totalen Alkoholverbots – für ihren Durchbruch, die *Wet's* hielten dagegen. Den Lauf der Geschichte für die einen und gegen die anderen entschied auch der Krieg. Zu den stärksten Unterstützern der Feuchten gehörte die deutsche Gemeinde, mit ihrer Vorliebe für Bier, besonders die Lutheraner. Mit dem Beginn des Krieges sank der Einfluss von Deutschamerikanern, nach dem Kriegseintritt der USA 1917 verschwand er ganz. Die Sache der Rauschverteidiger scheiterte nicht zuletzt daran, dass sie von einem bestimmten Augenblick an die falschen Anwälte hatte.

Der Krieg führte auch zum bizarren vorletzten Schritt auf dem Weg zur großen Nüchternheit. Um Getreide für die Truppen- und Heimatversorgung zu sichern, beschloss der Kongress 1918 den *Wartime Prohibition Act*, der die Herstellung und den Vertrieb berauschender Getränke nur noch bis zu einem Alkoholgehalt von 2,75 Prozent erlaubte. Kurioserweise trat das Gesetz erst am 30. Juni 1919 in Kraft, also fast acht Monate nach Kriegsende. Den Prohibitionisten kam es gerade Recht. Jetzt, so argumentierten sie, müsse die Nation nur noch einen winzigen Schritt weitergehen bis zur völligen Erlösung. Im Kongress, Senat und den meisten Staaten besaßen die *Dry's* dank unermüdlicher Lobbypolitik eine Mehrheit. Am 16. Januar 1919 beschloss der Kongress den 18. Verfassungszusatz, der Herstellung, Handel und Ausschank aller alkoholischer Getränke verbot und nur noch den Konsum erlaubte, denn das private Trinken hätte sich nur durch einen Überwachungsstaat kontrollieren lassen. Dieses Mal ging alles sehr schnell. Der Versuch zur Ausnüchterung von Millionen Bürgern begann schon am 16. Januar 1920, und er sollte 13 Jahre dauern. Verglichen mit den anderen Großexperimenten in Europa und Asien nahm sich die amerikanische Variante mild aus. Sie kostete Tausende das Leben, aber nicht Millionen. Ohne Zweifel gehört sie in das Geschichtskapitel der Erziehungsdiktaturen. Und deren Ziel, ob sanft oder eisern, besteht immer darin, eine neue Menschensorte zu züchten.

Das Verbot war von seinen eisernen Anhängern nicht als probeweise Phase gedacht, sondern für die Ewigkeit. »Die Chance, den 18. Verfassungszusatz wieder abzuschaffen«, meinte Senator Morris Sheppard, »ist ungefähr so groß wie Chance eines Kolibris, mit dem Washington Monument auf dem Schwanz zum Mars zu fliegen.«

In dem amerikanischen Verbotsregime spielte sich von Anfang an wie in einer Versuchsanordnung die ganze Absurdität und Zielverfehlung ab, die sich später in jeder anderen Drogenunterdrückungspolitik wiederholte und bis heute nach der Logik aller Prohibitionsbefürworter fortsetzt: zu scheitern und trotzdem weiterzumachen.

Natürlich hörten diejenigen, die trinken wollten, nicht auf zu trinken. Es mangelte ja auch nach dem 16. Januar 1920 nicht an Alkohol, er kam nur auf anderen Wegen zu seinen Liebhabern. Zwischen der Verabschiedung des 18. Verfassungszusatzes und seiner Inkraftsetzung lag ein Jahr. Gangs

konnten sich bestens auf das Geschäft ihres Lebens vorberei-
ten, indem sie Flaschen und Fässer bunkerten. Brennereien
und Braukessel ließen sich ebenso schnell wie billig in Kel-
lern und Hinterhofwerkstätten aufbauen. Allein in New
York, der alten *Wet's*-Hochburg, entstanden etwa 30 000
illegale *Speakeasy*-Kneipen. Wenn eine durch die Polizei
ausgehoben wurde, machte eine andere um die Ecke auf. Andere Quellen nennen die Zahl von 100 000 Flüsterspelun-
ken. Für die Mobsters in Chicago, New York und anderen
Großstädten bedeutete der Verfassungszusatz ein Bereiche-
rungsprogramm, das sie selbst niemals so perfekt hätten
entwerfen können. Der Typ des Gangster-Unternehmers
besetzte jetzt einen Markt, auf dem so oder so Hunderte Millionen Dollar verdient werden konnten. Dutzende Romane
und Filme malten ein bald räuberromantisches, bald paro-
distisches Bild der neuen Alkoholpatrone. Tatsächlich neig-
ten sie nicht zu einer so stumpfen Gewalt wie die südamerikanischen Kartellbosse der Gegenwart. Sie zeichneten
sich auch durch die interessanteren Charaktere aus. Lucky
Luciano, der Whisky von Schottland schmuggelte, Meyer
Lansky, sein Partner und Buchhalter, Arnold Rothstein, der
Spirituosenlieferant von New York, den Francis Scott Fitz-
gerald in *Der große Gatsby* in Gatsbys sinistrem Freund
Meyer Wolfsheim für die Nachwelt überlieferte – »ich sehe,
Sie betrachten meine Manschettenknöpfe … Erstklassige
menschliche Backenzähne« –, diesen Geschäftsleuten hatte
der Staat ein Angebot gemacht, das sie unmöglich ablehnen
konnten. Aber niemand gelangte zu einem solchen realen
und hagiographischen Ruhm wie Al Capone, der Chicago
zur feuchtesten Stadt in den Vereinigten Prohibitionsstaaten
machte. Warum Chicago? Weil sich Stadtverwaltung und

Polizei dort gegen entsprechende Zuwendungen der Mobsters besonders großzügig zeigten. Capones Gang kassierte in ihren Hochzeiten schätzungsweise 100 Millionen Dollar jährlich. Ihr stand also eine Bestechungskasse zur Verfügung, mit der sie die Staatsgewalt gewissermaßen komplett aufkaufte – von ein paar Unberührbaren abgesehen. Wie in der heutigen Drogenprohibition hatten Capone und seine Kollegen eigentlich nur eins zu fürchten, nämlich eine Aufhebung des Alkoholverbots. Niemand zeichnete den Mann und das Paradox so brillant wie Billy Wilder in *Some Like it Hot*. Dort gibt der Gangsterboss Little Bonaparte beim Treffen der »Freunde der italienischen Oper« in einem Hotel an der Küste Floridas eine Art Bilanzpressekonferenz:

»Danke, meine Opernliebhaber. Es ist nun zehn Jahre her, dass ich mich selbst zum Präsidenten dieser Organisation gewählt habe – und muss sagen, ihr habt die richtige Wahl getroffen. Lasst uns auf das Erreichte blicken. Wir haben die Verrückten bekämpft, die die Prohibition abschaffen und das amerikanische Heim zerstören wollen, indem sie die Eckkneipe zurückbringen wollen. (…) Wir tragen wahrhaft zum nationalen Wohlergehen bei – wir helfen der Autoindustrie, indem wir all die Lastwagen kaufen, der Glasindustrie, indem wir all die Flaschen benutzen, und der Stahlindustrie – ihr wisst schon, all die Korkenzieher. (…) Im letzten Fiskaljahr betrugen unsere Einnahmen 112 Millionen Dollar vor Steuern – nur, dass wir keine Steuern zahlen.«

In der Ideologie der Prohibitionisten gab es einen tiefen logischen Bruch, der eigentlich jedem hätte auffallen müssen. Zum einen hingen sie der tiefen Überzeugung an, die Gesellschaft sei als Ganzes krank und das Rauschmittel nur das Symptom eines Niedergangs. Zum anderen glaubten sie ebendiese Gesellschaft schon durch die Entfernung des Symptoms zu kurieren. Und schon wenige Tage nach dem 16. Januar 1920 hätten sie begreifen müssen, dass noch nicht einmal die Symptomunterdrückung funktionierte.

Wayne Wheeler und seine Gefolgsleute waren gescheiterte Revolutionäre, gemessen an ihren eigenen Zielen. Wie vermutlich alle Gesellschaftsexperimentatoren der Geschichte zogen sie daraus nicht den Schluss, ihre Anstrengungen aufzugeben. Sie verdoppelten sie.

Zur Praxis ihrer Gegenspieler gehörte der Diebstahl von großen Mengen Industriealkohol, der wie in jedem Land mit chemischen Zusätzen wie Methylalkohol vergällt wurde, um ihn ungenießbar zu machen. Gut bezahlte Lebensmittelchemiker reinigten die abgezweigte Substanz, und sie landete halbwegs genießbar als Gin oder Whisky in den Flüsterkneipen. Auf Betreiben der erbitterten Prohibitionisten kippten Mitarbeiter der staatlichen Branntweinverwaltung einen Cocktail von Chemikalien in den Industriesprit, Jod, Quecksilber, Methylalkohol in großen Mengen, um eine illegale Reinigung zu unterbinden oder wenigstens die Kosten dafür nach oben zu treiben. Natürlich war ihnen klar, dass dieses Verfahren Menschenleben kostete. Denn gestohlen oder unterschlagen wurde der Industriealkohol ja trotzdem. In den 13 Jahren der Prohibition starben allein dadurch etwa 10 000 Menschen. Sehr viel mehr bezahlten mit schweren Gesundheitsschäden, vor allem Erblindung. Die Vergiftung der eigenen Bürger von Staats wegen hielten die Bekämpfer des Lasters für eine unvermeidliche Härte auf dem nationalen Weg der moralischen Besserung.

»Die Regierung ist nicht verpflichtet, Leute mit trinkbarem Alkohol auszustatten, wenn die Verfassung es verbietet«, belehrte Wayne Wheeler seine Landsleute. »Die Person, die Alkohol trinkt, begeht absichtlich Selbstmord. Es kostet viele Leben und eine jahrelange Anstrengung, eine schlechte Gewohnheit auszurotten.«[8]

Und die Zeitung *Omaha Bee* fragte: »Muss Onkel Sam sich zuerst um die Sicherheit von Säufern sorgen?«[9]

Wie gesagt, die Rauschunterdrückungsbewegung unterschied sich sehr von den großen Totalitarismen des 20. Jahrhunderts. Aber der Eifer und die Bereitschaft, mit dem Leben anderer Leute für die eigenen Ziele zu bezahlen, findet sich auch hier wie in einem stark verkleinerten, aber maßstabgetreuen Modell. In seinem Buch *Prohibition: The Era of Excess* nannte der britische Historiker und Dramatiker Andrew Sinclair 1962 die Prohibition einen »nationalen Veitstanz«, einen »ländlichen evangelikalen Virus«, der das Land damals ergriffen hatte. Dass in der angeblichen Trockenzeit mehr Menschen an Alkohol starben als vorher und außer Gangstersyndikaten niemand profitierte, begriffen fast alle Amerikaner. Trotzdem dauerte es noch lange, bis das puritanische Regime wieder zerfiel. Im Jahr 1928 konnten sich die Bürger sogar zwischen dem Antiprohibitionisten Al Smith von den Demokraten und dem Antialkoholisten und Republikaner Herbert Hoover entscheiden. »Wenn Al morgen gewinnt«, spottete der Autor und Kulturkritiker Henry Louis Mencken, »dann deshalb, weil das amerikanische Volk sich entschlossen hat, so zu wählen, wie es trinkt.«

Herbert Hoover gewann haushoch, wenn auch aus anderen Gründen. Die Rauschfrage stand nicht im Zentrum des Wahlkampfs.

Nach vier Jahren zerschmetterten die Wähler Hoover regelrecht, auch aus anderen Gründen, vor allem, weil ihm kein Mittel gegen die große Depression einfiel. Unter seinem Nachfolger Franklin Delano Roosevelt gingen die Saloon-lichter 1933 wieder an. Wenn das Experiment irgendeinen Sinn besessen hatte, dann den, dass eine rauschfreie Gesell-schaft so wahrscheinlich ist wie ein Kolibriflug zum Mars. Sie scheiterte an der Unmöglichkeit, einen neuen Menschen zu schaffen.

DER GEFÄHRLICHE MANN

Ich schenk' Dir gestern, heut' und morgen
Dann schließt sich der Kreis.

FALCO

Das Verbot von Kokain und Heroin – die kleine Prohibition – blieb in Kraft. So weit schlug das Pendel damals nicht zurück. Im Gegenteil, es bewegte sich später wieder in die andere Richtung beim Verbot von LSD 1966 und der totalen Verbannung des vorher wenigstens noch für medizinische Zwecke erlaubten Cannabis im Jahr 1970. Es wiederholte sich das Grundmuster von 1920, die feste Überzeugung der Verbieter, ihr Land stünde am Abgrund.

Die Wucht, mit der die Drogenprohibition unter Richard Nixon ausgerechnet das nur in Nischen benutzte LSD und das verhältnismäßig harmlose Cannabis traf, mutet bizarr an. Die Sorge um die Volksgesundheit spielte dabei kaum eine Rolle, ebenso wenig wie bei der Opiumkonferenz von 1912 und dem Alkoholbann von 1920. Es ging, wie schon in der Vergangenheit, um Innenpolitik. Unter Richard Nixon gerieten Drogen in ein Rechts-Links-Grabensystem, mit dem sie vorher nichts zu tun hatten, weder in den USA noch in Europa oder irgendwo anders. Im Gegenteil, wenn es zwischen dem Fin de siècle und den 50er Jahren etwas gab, worüber sich eher links orientierte, eher rechts stehende und indifferente Autoren, Schauspieler und Wissenschaftler jederzeit hätten austauschen können, dann die Erfahrungen mit ihren Privatapotheken. Oscar Wilde, Herzensaristokrat, in späteren Jahren Sympathisant sozialistischer Ideen und damit ein Mann ohne alle Lager, trank nicht nur (»Alkohol, in ausreichenden Mengen genossen, kann alle Anzeichen der Trunkenheit hervorrufen«), er hörte auch, wie sein Pariser Freund Marcel Schwob 1891 schrieb, »nie auf, opiumgetränkte Zigaretten zu rauchen«. Mit seinem Liebhaber Bosie genoss Wilde in Algier ausgiebig Haschisch. Über das Kraut schrieb er in einem Brief interessanterweise 1895 genau das, was gut 65 Jahre später fast wortwörtlich die Losung der Hippies werden sollte: »It is quite exquisite: three puffs of smoke and then peace and love.«

In Deutschland schilderte der links stehende Walter Benjamin seine Haschisch-Erlebnisse, der nach rechts tendierende Gottfried Benn seine Erfahrungen mit der geschnieften Substanz (»Oh Nacht, ich nahm schon Kokain/und Blutverteilung ist im Gange«). Ernst Jünger, Solitär und eher rechts, probierte Haschisch ebenso wie LSD und Psilocybin. Im Jahr 1948 schrieb er an Albert Hofmann sehr luzide, er sehe einen gesellschaftlichen Wechsel von Lust- zu Leistungsdrogen. »In unserer Zeit glaube ich übrigens weniger eine Neigung für die Phantastica als für die Energetica wahrzunehmen – zu dieser gehört das Pervitin, das ja selbst von den Armeen an Flieger und andere Kämpfer geliefert wurde.«

Ohne Amphetamin hätte die libertäre russisch-amerikanische Schriftstellerin Ayn Rand ihren Roman *The Fountain*

(Die Quelle) wahrscheinlich nie beendet. Der Stoff löste ihre Schreibblockade. Mit Hilfe der Benzedrin-Verschreibungen ihres Arztes tippte sie ihrer Biographin Anne C. Heller zufolge 1942 pro Woche ein Kapitel, manchmal blieb sie 30 Stunden ununterbrochen am Schreibtisch. Der jeder politischen Richtung unverdächtige Schauspieler Cary Grant erzählte 1959 dem US-Magazin *Look*, wie ihm LSD gegen Depression und Angstzustände geholfen habe: »Meine Absicht bei der Einnahme von LSD war, mich glücklich zu machen«.[10]

Militärmediziner der Chemiewaffenlabors in Egdewood, Maryland, forschten zur gleichen Zeit am Masseneinsatz von LSD, Meskalin und einer Menge anderer Chemikalien als Waffen im Kalten Krieg. Wie James S. Ketchum, einer der damals verantwortlichen Offiziere, dem *New Yorker* 2012 (»Operation Delirium«) verriet, wartete der Chef des Freiwilligen-Programms Van Murray Sim in den Fünfzigern nicht unbedingt immer auf Freiwillige. Er mischte ahnungslosen Soldaten und Offizieren LSD in die Cola, in Cocktails und das Trinkwasser, um zu sehen, was dann passierte.

Niemand wäre darauf gekommen, in der Einnahme von Drogen etwas politisch Rechtes oder Linkes zu sehen. Das änderten erst zwei Männer, der amerikanische Präsident Richard Nixon und der Harvard-Professor Timothy Leary. Es scheint, als wäre die Biographie des Amerikaners von einem bestimmten Augenblick an mit der des Schweizers Albert Hofmann verbunden gewesen, lange bevor die beiden einander bei einem Abendessen in Buchillon am Genfer See tatsächlich kennenlernten.

Für den Baseler Chemiker ereignete sich die Lebenswende

am 19. April 1943, dem *Bicycle Day*. Für Leary markierte der 13. Mai 1957 den Moment, der alles umstürzte. An diesem Tag erschien das Magazin *Life* mit einem Artikel über die Expedition des amerikanischen Bankiers und Amateurforschers Gordon Wassons ins mazatekische Hochland, der dort den legendären mexikanischen Zauberpilz Teonanacatl suchte. Die Indianer ließen ihn 1955 als wahrscheinlich ersten Weißen an einer Pilzzeremonie teilnehmen. Mit Wasson zusammen war Albert Hofmann etwas später noch einmal zu den Mazateken aufgebrochen. Daheim in Basel extrahierte der Schweizer, wie schon beschrieben, aus dem Pilz das psychoaktive Psilocybin. Leary machte sich nach der *Life*-Lektüre auf den gleichen Weg. Mit den *Magic Mushrooms* im Gepäck und dem Glauben an eine Mission kam er 1960 nach Harvard zurück. Zu experimentellen Zwecken, wie er sagte, verteilte er sie an seine Studenten. Als Nächstes gab er LSD-Trips aus. Um Experimente handelte es sich allerdings eher im soziologischen Sinn. Alle möglichen Harvard-Studenten und Nichtstudenten meldeten sich zu den Versuchen an, die sich ziemlich schnell zu Partys entwickelten. Leary sagte später in einem *Playboy*-Interview, was ihn und die anderen an den Substanzen an meisten beeindruckt habe, sei ihre erotisierende Wirkung gewesen. Zusammen mit ein paar Anhängern gründete er 1962 die *Federation for Internal Freedom*. Als Präsident dieser exquisiten Truppe schickte Leary im Januar 1963 eine Bestellung an Sandoz nach Basel. Er wünschte 100 Gramm LSD und 25 Kilogramm Psilocybin, was einer Million Trips und zweieinhalb Millionen Zauberpilz-Sitzungen entsprochen hätte. Damit, so schrieb er, sollte sein Experiment etwas ausgeweitet werden. Der Bestellung lag ein Scheck über 10 000 Dollar zur Anzahlung bei, aber keine

US-Einfuhrlizenz. Die Schweizer nahmen deshalb von einer Lieferung Abstand. Kurz danach warf Harvard Leary hinaus, eigentlich keine große Sache, sein Vertrag wäre einen Monat später sowieso ausgelaufen.

Heute würde es kaum einen Politiker aufregen, wenn ein Professor beschließt, eine Art weiße Toga zu tragen, dazu lange Perlenketten, und mit einer sanftmütigen, etwas leiernden Stimme Vorträge über gesellschaftliche Verbesserungen zu halten. Der Professor a. D. betonte immer wieder, LSD zu nehmen sei ein individueller Akt, natürlich dränge er niemanden dazu. In einer Zeit des Krieges in Vietnam und der Demonstrationen dagegen, in einer Zeit, in der Bob Dylan sang, »there's a battle outside and it is ragin'«, in diesen Jahren ab 1964, als viele Amerikaner auf die eine oder andere Weise meinten, jetzt beginne der Boden unter ihren Füßen zu schwanken, in dieser Zeit hörten die führenden Politiker und Sicherheitsbeamten eigentlich nur den einen Satz aus Learys Reden heraus, nämlich den, eine psychedelische Revolution würde die Gesellschaft ändern. Im Jahr 1966 verbot die Administration von Lyndon B. Johnson LSD. Sandoz, das einen wichtigen Teil seines Geschäfts in den USA abwickelte, stellte die Produktion sofort weltweit ein. Im *Summer of Love* in den Straßen des Haight-Ashbury-Viertels von San Francisco warfen die fröhlich geschmückten Kinder ihre Trips schon illegal, während sie Learys Ansprache zuhörten. Der Psychiater hatte es innerhalb kürzester Zeit geschafft, ein Nischenmedikament zu politisieren und geradewegs in den Untergrund zu führen. Für Marihuana blieb die medizinische Nutzung als schmaler legaler Streifen.

Als Richard Nixon, ehemals Vizepräsident unter Eisenhower, 1968 zur Präsidentschaftswahl antrat, verhärtete sich die Konfrontation zwischen dem rechtschaffenen kriegführenden Amerika und der Gegenkultur noch einmal erheblich. Beide Seiten besaßen gestochen scharfe Feindbilder. In einem Interview mit *Harper's Magazine* sagte Nixons damaliger Berater John Ehrlichman 1994 Sätze, die heute als wertvollste Trophäen von allen Drogenentkriminalisierungsaktivisten hochgehalten werden: »Die Nixon-Kampagne 1968 und die Nixon-Regierung danach hatte zwei Feinde: die linke Antikriegsbewegung und Schwarze. Verstehen Sie, was ich sage? Wir wussten, dass wir es nicht ungesetzlich machen konnten, gegen den Krieg oder schwarz zu sein, aber dadurch, dass wir die Hippies mit Marihuana und die Schwarzen mit Heroin in Verbindung brachten und beides hart kriminalisierten, konnten wir diese Communities zerschlagen. Wir konnten ihre Anführer einsperren, ihre Wohnungen durchsuchen, gegen ihre Versammlungen vorgehen und sie jeden Abend als Schurken in den Nachrichten vorführen.

Wussten wir, dass wir in der Drogensache logen? Natürlich wussten wir das.«[11]

Das mag sich im ersten Moment wild anhören, fügt sich aber gut in die Art und Weise ein, wie Nixon über das Präsidentenamt und das Recht dachte. Fünf Jahre nach seinem Sturz ließ sich der Politiker von dem TV-Journalisten David Frost über diese grundsätzlichen Angelegenheiten interviewen.

»Nixon: Nun, wenn der Präsident etwas tut, dann bedeutet das, es ist nicht illegal.

Frost: Per Definition.

Nixon: Genau, genau.«

Im Jahr 1970 verbot die Regierung auch jeden Gebrauch von Marihuana. Leary, in dessen Auto die Polizei zwei Joints fand, wurde zu zehn Jahren Haft verurteilt, ziemlich viel für ein Land, dessen Regierung es bis eben noch ganz akzeptabel fand, ahnungslosen Soldaten und Offizieren zu Testzwecken LSD und alle möglichen anderen Drogen in die Cola zu kippen. Schon 1965 hatte die Justiz vor, Leary wegen Grasschmuggels aus Mexiko zu 33 Jahren Gefängnis zu verurteilen. Damals schrieb er allerdings mit dem Verfahren Leary gegen United States Rechtsgeschichte, als es ihm gelang, vor dem Obersten Gerichtshof den *Marihuana Tax Act* zu kippen, der deshalb durch eine neue Regelung ersetzt werden musste, die bis heute gilt. Das war nicht vergessen worden.

Lange musste der Doktor nicht sitzen. Die Untergrundbewegung *The Weatherman* befreite ihn aus dem Gefängnis von San Luis Obispo, er türmte nach Algier, wo ihm die Residenten der Black Panther-Bewegung halfen – ein wechselseitiges Missverständnis, denn Leary konnte mit deren Agenda genauso wenig anfangen wie sie mit ihm. In der Schweiz versuchte er 1971 politisches Asyl zu beantragen. Mit einer landestypischen Windung verweigerte ihm die Berner Regierung zwar den Schutz, lieferte ihn aber auch nicht an die USA aus. Bei der Gelegenheit traf Timothy Leary sein verehrtes Vorbild Albert Hofmann. Der LSD-Erfinder rügte bei dem erwähnten gemeinsamen Fischessen in Buchillon Learys parawissenschaftliche Massenexperimente und vor allem die Abgabe von LSD an Jugendliche. Der Gast aus Amerika lächelte die Vorwürfe so charmant weg, dass Hofmann ihm nichts ernsthaft übelnahm. In seinen Erinnerung schrieb er, sein Anhänger habe auf ihn »eher den Eindruck eines Tennischampions als eines ehemaligen Harvard-Dozenten« gemacht. In Learys Reden und Schriften findet sich kein Hinweis, dass er sich je sonderlich für Politik interessiert hätte. Von der Schweiz reiste er weiter nach Kabul, wo ihn US-Agenten 1973 festnahmen und ins Gefängnis zurückspedierten. Nixon, der zu dieser Zeit schon mit einem deutlichen Popularitätsverlust kämpfte – er hatte versprochen, den Vietnamkrieg zu beenden, tatsächlich aber die Wehrpflicht wiedereingeführt und Bombardierungen auf Kambodscha ausgeweitet –, tat sich und Leary den Gefallen, seinen Gefangenen zum »gefährlichsten Mann Amerikas« zu erklären. Der Präsident hatte schon 1971 einen Begriff geprägt, der heute noch immer gilt: *War on Drugs*. Möglicherweise glaubte er damals, diesen Krieg könne er anders als das Gemetzel in Indochina gewinnen. Für Drogen und Rausch als Phänomen jenseits der Politik interessierte sich der Chef des Weißen Hauses wiederum nicht, anders als andere Amtsinhaber gehörte er auch nicht zu den Abstinenzlern. Sein damaliger Außenminister Henry Kissinger sagte später über ihn, »zwei Gläser Wein reichten aus, damit er herumlärmte, und nur eins mehr machte ihn streitsüchtig oder sentimental mit einer nuschelnden Sprechweise«.[12]

Über den Zusammenhang von Drogen und Gesellschaft entwickelte er durchaus merkwürdige Theorien. »Jeder von den Bastarden, die da draußen versuchen, Marihuana zu legalisieren, ist Jude. Jesus, was ist los mit den Juden? Ich vermute, das kommt, weil die meisten von ihnen Psychiater sind«, erzählte er seinen Mitarbeitern. Allerdings fiel es selbst seinen Mitarbeitern schwer, bei ihm Schwadroniererei, Scherze und Ernst auseinanderzuhalten. In *Being Nixon – A Man Divided* erzählt sein Biograph Evan Thomas, wie der Präsident einmal einen hohen Mitarbeiter beauftragte, »alle in Laos zu feuern«, also sämtliche Amerikaner, die sich dort im Regierungsauftrag herumtrieben. Als der Gehilfe ihm am nächsten Tag gestand, das sei leider nicht möglich, weil es gar kein Ersatzpersonal gebe, habe Nixon gemeint, das sei ein Scherz gewesen. »Komm, du kennst mich doch.«

Ob er Leary tatsächlich in irgendeiner Weise für gefährlich hielt, kann niemand sagen.

Bei dem »Apostel des LSD«, wie ihn Hofmann nannte, handelte es sich nicht um einen echten Apostel, schon gar nicht um einen Märtyrer. Seine Haftzeit verkürzte Leary, indem er sich bereit erklärte, das FBI mit Informationen zu versorgen. Als ob er die paradoxe Verbindung zwischen ihm und Nixon noch hätte betonen wollen, tourte der ehemals gefährlichste Mann ab 1983 zusammen mit G. Gordon Liddy durchs Land, dem Anführer der Klempnerbrigade, die 1972 auf Nixons Geheiß in den Watergate-Komplex einbrach, wo der Wahlkampfstab der Demokraten seinen Sitz hatte. Als Mitarbeiter der Staatsanwaltschaft hatte Liddy 1969 auch eine Drogenrazzia geleitet, bei der Learys Anwesen in Millbrooke, New York, durchsucht wurde.

Gemeinsam führten sie gut besuchte Streitgespräche im Vaudeville-Stil auf. Angekündigt wurde ihre Show unter dem Titel »Nice Scary Guy vs. Scary Nice Guy«.

Leary und Nixon spielen in der Drogengeschichte des 21. Jahrhunderts die Rolle shakespearescher Geister, die einfach nicht aus dem Stück verschwinden. Beide prägten ziemlich unterschiedslos allen Drogen, von Heroin bis Cannabis, jeweils von ihrer Seite den Begriff »subversiv« tief ein. Der Präsident, weil der von ihm angefangene Krieg gegen

die Drogen zwar nie zu gewinnen war, aber trotzdem wei-
terlief und immer noch weiterläuft. Und Leary, weil alle, die
heute Drogen wieder als Medikamente rehabilitieren wollen, Rick Doblin, Peter Oehen, Peter Gasser, Microdoser wie
Paul Austin, einander in einer Sache ähneln: Sie wollen auf
keinen Fall so sein wie der ehemalige Harvardprofessor. Sein
Bild bestimmt wie eine Negativform alle Aktivisten von
heute. Keine Show. Kein Versuch, die legale Rückkehr von
Drogen zur Gesellschaftstransformation zu erklären. Keine
allzu große Betonung des hedonistischen Aspekts. Keine
Konfrontation mit dem Staat. Bei jeder Gelegenheit betont
MAPS-Gründer Doblin, wie unethisch Learys Experimen-
talpartys gewesen seien. Bob Dylan, leicht variiert: die Zeiten haben sich geändert.

Zwischen dem Golden Gate Park und Haight Asbury in
San Francisco und dem Silicon Valley in der Bay Area liegen
nur ein paar Autostunden. Zwischen dem, was Drogen da
1967 bedeutet hatten und heute dort bedeuten, liegen Epo-
chen. Die Blumenkinder der Sechziger haben mit den Nerds,
die heute in Palo Alto Mikrodosen psychedelischer Substanzen zur Selbstoptimierung zu sich nehmen, nichts gemeinsam, genauso wenig wie mit den Armeeveteranen, die
damit ihre Kriegstraumata bekämpfen oder mit den psychisch Kranken, die auf den Nutzen einer Alternativtherapie
spekulieren.

Über die Zeit von gut 50 Jahren hinweg gibt es nur eine
Verbindung: den Stoff selbst.

DAS EXPERIMENT

*Einige Leute – und ich zähle mich dazu –
hassen Happy Ends. Wir fühlen uns hintergangen.
Schmerz ist die Norm.*

VLADIMIR NABOKOV

Im Dachgeschoss einer Schwabinger Villa sitzt einer der besten Rauschmittelkenner Deutschlands. Tim Pfeiffers Büro besitzt ungefähr die Ausmaße eines kleineren Kinderzimmers; von hier aus leitet er die Deutsche Referenzstelle der Europäischen Beobachtungsstelle für Drogen und Drogensucht, außerdem berät er die UNO in Suchtfragen. Der Beobachter ist schlank, sportlich, er wirkt eher wie ein Privatdozent in seiner Hieronymus-Höhle, weniger wie ein Beamter. Trotz seiner langen Jahre in München spricht er als ehemaliger Hamburger in einem leicht norddeutschen Tonfall, der sich gut eignet, um ein Problem abzukühlen und anschließend zu zerlegen. Neben seinem Büro betreibt er noch eine psychologische Praxis in der Nähe, in der er auch Drogensüchtige therapiert. In seinem Dachgeschoss wie im Besprechungsraum seiner Praxis stehen Möbel des gehobenen Bürostils.

Pfeiffer arbeitete schon für die Referenzstelle, bevor er 2007 ihre Leitung übernahm. Er kennt die meisten Drogenexperten der großen Länder und der Vereinten Nationen. Für einen auf Dutzenden internationalen Kongressen gehärteten Fachmann wie ihn gibt es keine überraschenden Fragen zu Rauschmitteln.

Neu sind eigentlich nicht die Fragen, sondern die Antworten. Vor allem, wenn es um Entkriminalisierung der bisher verbotenen Drogen geht.

»Entkriminalisierung«, ruft Pfeiffer. »Endlich benutzt mal jemand das richtige Wort.«

Denn wirklich solide legalisiert ist bisher weltweit nichts, auch nicht das Cannabis in den 28 Cannabisstaaten der USA, dessen Konsum nur möglich ist – in acht Staaten ganz, in 20 zu medizinischen Zwecken –, weil der jetzige Präsident den rechtlichen Schwebezustand duldet, obwohl er jederzeit ein Bundesgesetz dagegen auf den Weg bringen könnte.

»In Deutschland wird die Debatte über eine Entkriminalisierung in dieser Legislaturperiode kommen«, meint Pfeiffer. »Wahrscheinlich dauert es bis zur nächsten Wahlperiode, bis es eine Gesetzesänderung gibt.« Eine Massenpetition an den Deutschen Bundestag zur generellen Cannabislegalisierung scheiterte im Frühjahr 2018, übrigens fast zur gleichen Zeit, als das kanadische Parlament für eine Entkriminalisierung stimmte.

»Halten Sie eigentlich den medizinischen Nutzen von Cannabis für belegt?«

»In den USA haben sehr viele Menschen legal Zugang zu Cannabis. Trotzdem sind die Studienergebnisse zum therapeutischen Erfolg ziemlich schmal. Aber trotzdem, sie haben gereicht für einen Stimmungsumschwung in der öffentlichen Meinung. Vor zehn Jahren wäre dafür noch keine Mehrheit zusammengekommen.«

In gewisser Weise läuft der Prohibitionsprozess heute so ab, als würde der Film von damals zurückgespult. Um 1900 hätte es wahrscheinlich auch keine Mehrheit für eine Alkoholprohibition gegeben. 20 Jahre später bestimmte sie den Kurs.

Nichts markiert den Gezeitenwechsel so gut wie eine Entscheidung des ehemaligen republikanischen Mehrheitsführers im Repräsentantenhaus John Boehner, der in seiner aktiven Zeit als einer der einflussreichsten Politiker in Washington von sich sagte, er sei »unabänderlich« gegen eine Freigabe von Marihuana. Im April 2018 heuerte er als Vorstand bei dem Unternehmen Acreage Holdings an, das den Stoff in elf Bundesstaaten vertreibt. »In den letzten zehn, 15 Jahren hat sich die Haltung des amerikanischen Volkes dramatisch verändert«, verteidigte sich Boehner. »Und in dieser Situation befinde ich mich auch.«

Übersetzt in deutsche Verhältnisse wäre das so, als würde sich Unionsfraktionschef Volker Kauder aus der Politik zurückziehen, um als Lobbyist für eine Haschisch-Vertriebsfirma zu arbeiten.

Mit ihrer Drogenpolitik beeinflussen die Vereinigten Staaten seit Jahrzehnten den weltweiten Umgang mit Rauschsubstanzen. Und sie bestimmen mehr oder weniger das, was auch die Bundesregierung für opportun hält.

»Eigene Akzente hat Deutschland in der Drogenpolitik schon lange nicht gesetzt«, meint Tim Pfeiffer. »Null.«

LSD wurde in den USA 1966 verboten, in Deutschland 1967. In den Vereinigten Staaten schloss der Kongress mit dem *Controlled Substances Act* 1970 das letzte kleine Türchen für Cannabis, indem er selbst die medizinische Anwendung verbot. Der Bundestag verabschiedete 1971 nach diesem Vorbild das Betäubungsmittelgesetz, das auch ein Totalverbot für Cannabis regelte. Aus irgendwelchen Gründen hatten die amerikanischen Behörden MDMA lange übersehen, 1985 verboten sie auch diesen Stoff. Die Bundesrepublik zog ein Jahr später nach.

In dem Land, aus dem fast alle neueren Drogen stammen, schlagen mittlerweile nur noch Wellen aus anderen Teilen der Welt an.

Deshalb erlebt Deutschland zeitversetzt auch die Schubumkehr bei Cannabis in den amerikanischen Bundesstaaten. »Cannabis, zunächst einmal für medizinische Zwecke, war sicherlich der Türöffner«, sagt Tim Pfeiffer. »In den USA ist die Debatte darüber schon vorbei.« In Deutschland gibt es mittlerweile Cannabis auf Rezept, wobei viele Ärzte es nicht verschreiben, viele Apotheken nicht anbieten und etliche Krankenkassenfunktionäre sich strikt dagegen aussprechen.

Nur ein einziges Mal, erzählt Pfeiffer, habe es in der deutschen Politik zwar nicht gerade eine eigene Idee gegeben, aber immerhin eine Differenz zu den USA. Amerikanische Vertreter hätten in Diskussionsrunden geradezu verzweifelt versucht, ihre *Opioid Crisis* zu einem internationalen Problem zu erklären. Dem sei niemand gefolgt, und das sei auch gut so. »Die *Opioid Crisis* ist nun wirklich ein selbstgeschaffenes Problem der Amerikaner.« Mit der Opioidsucht verhalte es sich in Deutschland genau umgekehrt, anders als in den USA betreffe sie nur wenige. Die toxischen Folgen ließen sich folglich leicht eindämmen. »Wir haben in Deutschland etwa 120 000 registrierte Heroinsüchtige. Davon sind mindestens 100 000 in Hilfsprogrammen, eher noch mehr.

Sie bekommen also Methadon oder direkt Heroin und eine Betreuung, wenn es irgendwie möglich ist.«

Als Leiter einer europäischen Beobachtungsstelle und Berater für die UN gehört Pfeiffer zum offiziellen Drogenüberwachungsapparat. Dessen Mitarbeiter spielen nicht Polizei. Unpolitische Betrachter sind sie auch nicht. Rechts-Links-Demarkationslinien können ihnen egal sein.

»Wir wissen sehr gut«, erklärt Pfeiffer, »dass die schädlichsten Suchtmittel Alkohol und Tabak sind. Bei Cannabis lautet das Hauptargument unserer Freigabegegner, dass sich Gesundheitsschäden eben deshalb in Grenzen halten, weil der Stoff illegal ist. Wenn wir auf die Zahlen schauen, dann haben in Deutschland fast die Hälfte aller Männer zwischen 18 und 25 Erfahrungen mit Cannabis gemacht, von den Frauen etwa ein Viertel. Wir können sagen, wer es in Deutschland ausprobieren will, der bekommt es auch. Es gibt ja kein Beschaffungsproblem. Angesichts der hohen Zahl derjenigen, die es kennen, sind bisher keine wirklich besorgniserregenden Gesundheitsprobleme aufgetaucht. Auch in den USA nach der Cannabisentkriminalisierung nicht.«

Wer die Lage aus der Position des professionellen Beobachters sieht, kennt den Unterschied zwischen politischer und medizinischer Betrachtung genauso gut wie die Zufälle, Absurditäten und seltsamen Winkel der Drogenlandschaft. Beispielsweise gibt es keine einleuchtende Erklärung für die immer noch sehr ängstliche Einstufung von Cannabis und das Verbot von MDMA in Deutschland einerseits und die völlige Legalität der Droge G, auch Gina genannt. Bei Gina handelt es sich um Gammabutyrolacton, abgekürzt GBL, eine farblose, unangenehm schmeckende Flüssigkeit, die deshalb meist mit Orangensaft oder Fanta genommen wird, um sie besser herunterzubekommen. Der Stoff mit der Formel $C_4H_6O_2$ dient unter anderem als Industriereiniger, Holzkonservierungsmittel und Bestandteil von Druckfarbe. Im Körper verwandelt sich GBL in Buttersäure (wobei nichts nach außen stinkt); die Säure wiederum lässt den User nach 20 Minuten zu einem fickrigen kleinen Monster regredieren, das vorübergehend nichts anderes von seinem Zentralnervensystem gemeldet bekommt als die Anordnung, jetzt auf der Stelle langen, heftigen, pubertären Sex zu wollen. Zur Unterstützung kombinieren es die Anwender deshalb gern mit dem ebenfalls legalen Viagra. Absurd ist nicht nur der Umstand, dass die Wirkung stark der von MDMA ähnelt (Gina verursacht einen kurzen, heftigen Dopaminrausch), sondern vor allem das relativ hohe Risiko beim Konsum. Wer GBL überdosiert, wofür nur ein paar Tropfen zu viel genügen, der fällt mitunter übergangslos in Ohnmacht. Auf Partys passiert das sogar ziemlich oft. Dann sollten geistesgegenwärtige Gäste anwesend sein, anderenfalls können Leute im GBL-Koma an ihrem verschluckten Erbrochenen ersticken.

Weltweit größter Hersteller von GBL ist die Badische Anilin- und Sodafabrik, kurz BASF, die von dem Ausgangsstoff Butamediol jährlich 575 000 Tonnen herstellt. Ein Liter GBL kostet etwa 70 Euro. Niemand kann sagen, warum jemand wegen eines Beutels Cannabis in der Tasche in Deutschland Schwierigkeiten mit der Polizei bekommt, aber nicht wegen eines Gina-Fläschchens.

GBL, meint Pfeiffer, sei ein gutes Beispiel für eine legale und gefährliche Droge.

Ansichten zu großen Themen verschieben sich meist nur langsam, aber stetig. Am interessantesten wirken die dezenten Übergänge. Vom Ziel einer drogenfreien Welt, erzählt Pfeiffer, habe sich die UN stillschweigend verabschiedet. »Sie hat das nie direkt erklärt, die Formulierung aber seit 2007 nicht mehr in ihre Papiere geschrieben.«

Nach der Probierphase des 19. und frühen 20. Jahrhunderts und der Verbotsära beginnt im 21. Jahrhundert ein Experiment – der Versuch, mit dem allgegenwärtigen Hunger nach Rausch halbwegs realistisch und abgeklärt umzugehen.

Den *War on Drugs* sieht Pfeiffer als völlig gescheitert. »Allein durch Nuevo Laredo und über den Rio Grande donnern jeden Tag Tausende Trucks mit Containern Richtung San Antonio in Texas. Die Grenze zwischen den USA und Mexiko kann noch so gut ausgebaut sein – mehr als ein paar Stichproben wird die Polizei in diesem Transitverkehr nie nehmen können. Das, was dann an Drogen entdeckt wird, ist von den Kartellen schon eingepreist. Und so geht es auf allen anderen großen Transitstrecken. Solange es die Nachfrage nach Drogen gibt, wird sich daran nichts ändern.«

Der Drogenbeobachter spricht nicht in Thesen, sondern eher in Essays. Er nimmt selten die Hände zu Hilfe, um etwas zu betonen. So, wie Tim Pfeiffer in seinem Sessel sitzt und über Weltdrogenpolitik redet, redet er wahrscheinlich auch mit den Drogenpatienten in seiner Praxis.

Seine Zustandsbeschreibung unterscheidet er sich kaum von den Antiprohibitions-Aktivisten wie Annie Machon. In einer Schlussfolgerung dagegen schon; er plädiert nicht für die Abschaffung der UNO-Drogenkonvention, die alle Mitgliedsstaaten zur Drogenverfolgung verpflichtet.

»Wenn wir das machen würden, wäre es für einige Länder im Westen vielleicht leichter, Drogen zu entkriminalisieren. In einer ganzen Reihe von anderen Staaten würde es das Leben für Süchtige drastisch verschlechtern. Auf unseren internationalen Konferenzen geht es oft darum, Regierungen davon zu überzeugen, Drogenuser einigermaßen menschlich zu behandeln. Das heißt, zu begreifen, dass sie krank sind. In manchen islamischen Ländern steht auf Drogenbesitz immer noch Handabhacken. Drogenlegalisierung ist eine ziemlich westliche Debatte.«

Mit der Idee einer totalen Freigabe kann er nichts anfangen. »Ich glaube nicht, dass die Welt besser würde, wenn alles zu haben ist. Das wäre ein bisschen zu simpel für ein Problem dieser Größe.«

Gleich nach dem Gespräch wird Pfeiffer einen Patienten in seiner Praxis empfangen, die nur ein paar Straßen weiter in Schwabing liegt.

»Wenn der sein Heroin geraucht hat, ist er der verträglichste Mensch, den man sich denken kann. Der Stoff ändert natürlich nichts an seinen psychischen Problemen. Ist er in seiner Heroinphase, dann kann ich zusehen, wie er von Termin zu Termin dünner wird.«

Für dem Fall des Patienten gibt es keine Lösung. Nur ein langes Lavieren.

4

KRIEG

ETIENNE

Auf der Google-Karte von Berlin lautet die Kurzbeschreibung des Görlitzer Parks »Park und Streichelzoo«. Im Sommer stehen hier Ponys auf dem Rasen.

Das Gelände misst 800 mal 600 Meter, früher lagen hier die Rangiergleise des abgerissenen Görlitzer Bahnhofs. Als keine Züge mehr fuhren, zogen sich jahrelang schwarze Berge zwischen Görlitzer Straße und Wiener Straße entlang, die Kohlevorräte, mit denen die Westberliner notfalls russische Blockadewinter überstehen wollten. An die Eisenbahnzeit erinnert noch ein abfallendes Gelände in der Mitte, dort, wo früher der Görlitzer Tunnel verlief. Einheimische nennen die Mulde angeblich »Pissrinne«. Von der Tunnelkonstruktion existieren noch ein paar steinerne, in Büsche und Blumen eingesunkene Überreste. »Amidst the ruins of Berlin / Trees are in bloom as they have never been«. Das Gelände steigt aus der Tiefe der früheren Tunnelsohle wieder an. Wo früher die Gleise wieder nach oben kamen, steht ein schiefer Triumphbogen aus zusammengeschweißten Stahlträgern, ein kommunales Kunstwerk.

Die 14 Hektar große Grünzone versorgt eine Großstadt und ihre Besucher mit praktisch allen Rauschsubstanzen, ausgenommen Alkohol. Als sich der Handelsplatz um das

Jahr 2010 herum etablierte, gab es Polizeirazzien; ein italienischer Restaurantbesitzer am Park machte Anstalten, die Dealer zu vertreiben, die seine Gäste störten, die Dealer wiederum versuchten, sein Geschäft anzuzünden. Die für Kreuzberg-Friedrichshain zuständige Bürgermeisterin verabredete mit den Händlern, keine Drogen in der Buddelkiste auf dem Parkspielplatz zu verstecken. Alles scheiterte, die Razzien, das Niederbrennen des Restaurants, die Vereinbarung über Drogenverstecke. In den letzten Wochen des Jahres 2017 erklärte die Regierung von Berlin, dass sie ab sofort kleine Substanzmengen im Park dulden und keine Fahnder mehr schicken würde. Mehr als ein Tütchen mit einigen Gramm Wasauchimmer trägt sowieso kein Pusher mit sich. Ab und zu an milden Sommerabenden lässt sich die Berliner Polizei doch sehen. Dann marschieren etwa 20 Beamte in Schutzwesten als blaue Kolonne durch das Grün wie römische Legionäre durch eine aufsässige Provinz. Dort, wo sie gerade erscheinen, erstirbt das Werbegezischel der Pusher, die auf den Bänken sitzen. Hinter der Kolonne setzt es wieder ein. Verkäufer fragen die Wünsche ab, rattern ihre Angebotsliste herunter und verschwinden zu den kleinen Erddepots in den Büschen, um ihre Ware zu holen.

Seit der Ausrufung zur Toleranzzone gibt es keine Gefechte mehr, nur noch Handelstätigkeit. Sie beschränkt sich auf das grüne Gelände, eigentlich nur auf die unter Händlergruppen verteilten Besatzungszonen hinter den Parkeingängen und entlang der Hauptwege.

Ein Empfangskomitee von mehreren Nordafrikanern steht auf einer kleinen Anhöhe gleich hinter den gelben Backsteintürmchen, die den Parkeingang an der Skalitzer Straße markieren. Das Tor zum Markt.

Beim Eintritt gibt es ein mehrstimmiges Hallo vom grünen Hügel herab. Dort warten schwarzhaarige Männer in Jeans und schwarzen Jacken, die jetzt die Belohnung für ihr strategisches Herumhängen einstreichen wollen. Wie guten Revierkellnern entgeht den Männern kein Neuzugang. Der Markt befindet sich nämlich an diesem nicht zu warmen und nicht zu kalten verhangenen Spätsommersonntag im Ungleichgewicht. Es gibt viel Angebot, dazwischen auch eine Kleinkindergruppe mit Aufsichtstante, Jogger und einen Vater mit Sohn mit Ball, aber bis auf mich, der durch das Tor spaziert, gerade keine Nachfrage.

Auch im Görlie gilt die Kunden/Dealer-Hymne von Velvet Underground »I'm Waiting For My Man« wie an jedem anderen Umschlagplatz. »He's never early, he's always late/ First thing you learn is that you always gotta wait«, sie gilt nur mit umgekehrtem Vorzeichen. Ein Schütteln der ergriffenen Hand, in meinem Fall ergriffen durch einen Mann mit kantigem Gesicht und graubraunem Teint, geht hier einem Vertragsabschluss voraus. Als Neuling sage ich ihm das Gleiche wie zu Verkäufern in Geschäften: »Ich schaue mich erst einmal um.« Ein Fehler. Und versuche, mich wieder von dem Kantigen zu lösen, indem ich schnell den Weg entlang gehe, der zur Senke des Parks führt. Er folgt mir und redet, ich lege einen Schritt zu.

Aha, ich lehne also den Erstbesten ab. Das sehen die anderen oben auf der Anhöhe als Signal, dass der Geschäftskontakt ab jetzt dem nächsten Händler zusteht. Fragt sich nur, wem. Das Kollektiv schreit den Kantigen an, die gutturalen Laute scheinen zu bedeuten, hau ab, du hattest deine Chance.

Auf einem schrägen Weg laufen die Männer, fünf, sechs, über den Abhang, um uns den Weg abzuschneiden. Ein schreiender Stoppelbart in schwarzer Lederjacke führt den Schwarm an. Mein persönlicher Betreuer läuft weiter neben mir her, eine Hand zum Abwehrfuchteln in Richtung der Männer erhoben.

»Probleme«, sagt er, und macht mir mit der anderen Hand ein Zeichen, dass wir jetzt besser in Bewegung bleiben sollten, und zwar in die Richtung, die er mir zeigt, Richtung Parkinneres, Richtung Triumphbogen. Die anderen laufen noch ein paar Meter neben und vor uns her bis zur Demarkationslinie zwischen dem Bereich der Händler und der Wiese der Frisbeescheibenwerfer, dann drehen sie ab. Jeder, der einmal quer über das Gelände läuft, erkennt nach einer Weile die Abgrenzungslinien (es gibt mehrere).

»Was für Probleme?«

Er holt im Gehen ein wiederverschließbares Plastiktütchen aus seiner Jacke.

»Gar keine Probleme.« Im Tütchen liegen sieben getrocknete Cannabisblüten.

Als König Kunde darf ich erst einmal Fragen stellen.

»Wo kommst du her?«

»Türkei.« Sein Englisch ist passabel.

»*Türkye*? Du siehst überhaupt nicht türkisch aus. Nordafrika, würde ich sagen.«

»Gut, Marokko. Halb Türkei, halb Marokko.«

Eine Blüte in seiner Hand wandert unter meine Nase. »Sehr guter Stoff.«

Es riecht *warm*, voll, grasig. Ich falte den schon vorher herausgeholten und in der Faust transportierten Zehneuroschein auf, er reicht mir eine Blüte. Und noch eine.

»Eine zehn Euro.«

Da ich bei meinem Plan bleiben will, den mäkligen, unbetuppbaren Kunden zu spielen, gebe ich ihm die zweite zurück.

»Ich probiere erst einmal die. Wenn es gut ist, komm ich wieder.«

Wir schütteln die Hände, er kehrt zurück in die vordere Zone, ich laufe durch die Pissrinne und passiere den Triumphbogen.

Dort trommelt ein blassblonder androgyner Parkbesucher im knielangen T-Shirt, das wie eine Jalabiya aussieht. Hinter den Büschen am Hang durchkreuzt ein Gegenspieler das Trommelsolo mit Kazoogesang.

In diesem langen Viereck ist der Staat so abwesend, dass selbst Polizisten in Zivil sich hier Stoff besorgen können, ohne in Schwierigkeiten zu kommen.

Eintritt in die afrikanische Zone. Eine andere Händlergruppe steht hier an einer Stelle, von der aus die einzelnen Mitglieder sowohl den Hauptweg als auch einen weiteren Parkeingang im Blick behalten können. Ein Mann löst sich aus dem Pulk, um höflich Hallo zu sagen. Ein etwa 30-jähriger Westafrikaner mit gut rasiertem Dreitagebart in Jeans und neuem dunkelblauem Parka. Etienne. Er fragt nach meinen Wünschen.

Wir beschließen, in ein Café jenseits der Parkmauern zu gehen, um bequemer reden zu können. Das Café gehört zu einem Hotel, vom Ausschank im Erdgeschoss führt die Treppe in eine Zone unklarer Bestimmung, teils Galerie namens »Kunst 100« und Atelier, teils stundenweise vermietbarer Büroraum. Als zentrale Attraktion der ersten Etage hängt ein braunlediger präparierter Alligator im Korridor, mit zwei Schlingen so befestigt, dass es aussieht, als würde er über die Wand Richtung Decke laufen. Darüber grinst Etienne. Wir nehmen in 50er Jahre Polsterstühlen Platz, ich trinke Pfefferminztee, er Cola. Niemand in diesem Stadtquartier sieht auch nur im Entferntesten so aus, als würde er von seiner eigenen Handelsware naschen.

Um die Frage als Erstes zu klären, Etienne stammt aus dem Senegal, lebt seit 2016 in Berlin und bietet mir Koks großartiger Qualität an.

»Zeig mal.«

»Nicht hier.«

Sein Englisch ist gut, er wirkt nicht schüchtern, aber zurückhaltend wie der Besitzer einer Fachhandlung, der seine Interessenten aus Eigeninteresse nicht vollsalbadert. »Fachidiot schlägt Kunden tot«, das beherzigt er wie alle Geschäftsleute mit Schisslaweng.

»Was hast du noch außer Koks?«

»Was du willst. Aber es braucht ein bisschen Zeit, um ganz spezielles Zeugs zu besorgen. Ich kann das Koks empfehlen.«

Etienne nimmt einen Schluck seiner Coke, merkt aber auch an, dass mein Minztee gut riecht. Aber er möchte nicht probieren, danke.

»Gehört dir der Stoff selbst, den du verkaufst? Oder bist du ein Einzelhändler, der mit einem Großhändler zusammenarbeitet?«

Er lächelt vertrauenserweckend. »Ich bin Einzelhändler.«

»Wie hoch ist dein Umsatz pro Tag? Ich meine nicht heute, sondern im Schnitt.«

Sein Zeigefinger wackelt neckisch, so sieht es jedenfalls aus, tatsächlich zieht er aber damit die Linie zwischen Herumfragerei und persönlicher Ökonomie, die er mit keiner noch so harmlosen Dreißigminutenbekanntschaft teilt. Auch nicht unter dem Alligator, auch nicht aus Jux.

»Du siehst jedenfalls sehr ordentlich aus. Scheint gut für dich zu laufen.«

»Wenn du was kaufst: Ja.«

Sein Nippen an der Cola, seine Art zu sprechen und zu lächeln, alles vermittelt den Eindruck großer Entspanntheit, ganz anders als bei dem Araber vorhin.

Vor drei Jahren hatte ich in Berlin ab und zu einen Jungen getroffen, der wie er aus dem Senegal stammte, jemand, der sich bestimmt nicht mit Substanzenkleinhandel befasste, mir aber ein paar Dinge über seine Heimat erzählt hatte. Da ich mich mit Etienne so gut verstehe, taste ich mich vor.

»Gehörst du zu den Sapé?«

Das amüsiert ihn sehr. »Sapé.« Er schnaubt ein bisschen. »Hör mal, ich sehe aus wie ein normaler Einheimischer.« Mit seinen eleganten Fingern zieht er die Bomberjacke auseinander.

»Schau. Kein Samt. Keine Fliege.«

Sapé, um das hier einzufädeln, steht für Société des Ambianceurs et des Personnes Élégantes, eine Bewegung junger Männer aus Westafrika, die sich zum einen nach außen durch ihre Kleidung zu erkennen geben, schmale Krawatten, Samtfliegen, Jacketts in LSD-Farben, Schuhe mit Applikationen, und zum anderen dadurch, dass sie jenseits der Zwanzig auf Wanderschaft gehen, um Kenntnisse zu erwerben und Reichtum, um sich als Geschäftsleute zu betätigen und irgendwann so reich in die Heimat zurückzukehren, wie es ihr bestickter Anzug von Anfang an versprochen hatte. Etienne trägt nur ein blütenweißes Hemd.

»Es ist absolut normal, woanders hinzugehen, wenn du vorhast, ein Geschäft zu gründen«, sagt er. »Bei uns in Senegal sind die meisten Businessleute Ausländer. Warum?

Wenn du als Einheimischer einen Laden aufmachst, dann kommt deine eigene faule Verwandtschaft und verlangt, dass du ihr was umsonst gibst. Oder sie sagen, du sollst deine Cousins anstellen. Also geht man weg.«

»Warum verkaufst du gerade Koks? Warum da drüben im Park?«

»Weil da Leute kommen, die sowas kaufen. Ich bin Händler. Très simple!«

Ich entscheide mich für einen Probekauf von Speed.

Zwei Männer verlassen das Krokodil treppab, einer schon mit einem gefalteten Geldschein in der Hand. Für eine Weile stehen sie auf dem Gehweg, jeder im Rahmen seiner Erwartungen zufrieden. Auf den Klappstühlen vor dem Haus sitzen Amerikaner an kleinen Tischen.

Gern würde ich einen Einheimischen fragen, ob hier wirklich jemand »Pissrinne« sagt. Nur, dass es hier keine Einheimischen gibt.

Im Austausch gegen den Schein gibt es ein mit Klappdeckel verschließbares Plastikfingerhütchen, dreiviertelvoll mit weißem Pulver. Etiennes Speed, das stellt sich beim ersten Test zu Hause heraus, enthält auch Spuren eines Amphetamins. Überwiegend besteht es aus fein gemahlenem Paracetamol und ähnlichen Schmerzmitteln.

Der Endkunde bildet das letzte Glied einer sehr langen Verdünnungskette.

In Mexiko kostete der Drogenkrieg von Januar bis November 2017 nach Regierungsangaben 23101 Tote. Das sind mehr Opfer als in allen Nahostkriegen seit 1948 zusammen, in denen ungefähr 19500 Menschen starben.

Während sich Mexiko in einem unerklärten Krieg befindet, die Kokainkartelle zur gleichen Zeit nördlich des Amazonas untereinander die Marktanteile für Anbau und Export in Brasilien auskämpfen und die Vereinigten Staaten bis tief in die kleinstädtischen Zonen eine Heroinschwemme erleben, die von Donald Trump zur nationalen Krise erklärt wurde, während in Hamburg südamerikanisches Koks in einer Menge angelandet wird wie schon lange nicht mehr, stirbt der Drogenkrieg in Berlin gerade an Verdünnung und Erschöpfung.

Möglicherweise entsteht hier gerade ein neues Modell im Umgang mit den Substanzen.

Es gehört zur eingeübten Praxis in Deutschland, ein Problem in Zonen aufzuteilen. Die 14 Hektar des Görlitzer Parks bilden ein etwas ausgefranstes Revier der strikten Nichtverfolgung durch die Polizei. Ausgefranst deshalb, weil die Pusher noch auf den Treppen der U-Bahnstation Görlitzer Bahnhof stehen, vielleicht noch einer in Hoodie und Basecap auf dem Bahnsteig. Dort heißt es »zurückbleiben«, du springst in die U3 und wechselst in die Zone, in der die Verfolgung von Rauschsubstanzen noch simuliert wird.

DER POLIZIST

Chris trägt die Haare zurückgekämmt. Betonte Wangenkochen, überhaupt ein Knochengesicht. Er trägt einen blauen Pullover, darunter zeichnet sich eine definierte Muskulatur ab. Er arbeitet seit 26 Jahren als Kommissar in einem Polizeirevier des Berliner Westens. Die Stadt mit ihren Eigenheiten hat ihn durchzogen wie eine Beize.

Typisch für einen neuen Kollegen in einer Zivilfahnder-Einheit, sagt er, sei der Eifer. Das Pflichtbewusstsein, hinter Pushern herzulaufen, sie zu schnappen, zu durchsuchen. Natürlich würden die Pusher ihrerseits nur Kleinstmengen »Wasauchimmer« in der Tasche tragen, ihre eigentliche Ware bunkern sie woanders. Ein Polizist hätte trotzdem von Amts wegen eine Anzeige zu schreiben, aber logischerweise käme es wegen der in verschließbaren Plastiktütchen verpackten unerheblichen Krümel aus der Hoodietasche des Delinquenten nie zu einer Verurteilung. Weshalb die erfahrenen Kollegen dem eifrigen jungen nach dem zweiten oder dritten Mal sagen würden: »Lass doch die BTM-Scheiße.« BTM steht für Betäubungsmittel.

»Wenn sie das Zeug nicht in ihren Erdbunkern haben, dann versuchen sie sie herunterzuschlucken. Vor allem Heroin, das sie als kleine Kugeln in Alufolie einpacken.«

»Was macht ihr dann?«

Er zuckt amüsiert mit den Schultern, als wäre er ein offizieller Sprecher, der keine Antwort weiß oder sie nicht sagen darf.

»Da hilft eigentlich nur, die Kehle zuzudrücken. Oder eine auf's Maul hauen, wenn jemand die Kugel noch nicht eingeworfen hat. Wir müssen ja Beweise sichern.«

Zum einen gibt es für die Beamten also die Pflicht, Straftaten zu verfolgen. Theoretisch im Görlitzer Park, praktisch auch außerhalb. Zum anderen kennen sie ihre eigenen Arbeitsbedingungen und die der Justiz besser als jeder andere. Jemand im gehobenen Dienst würde von einem »Spannungsfeld« sprechen. Gerade im gehobenen Dienst steht über jeder Tür in unsichtbarer Schrift: Vor allen Dingen kein Eifer.

Bei unserem Treffen bevorzugt Chris Ingwertee. Seine Dienstmarke zeigt er kurz, um zu beweisen, das seine Angaben über Namen, Rang und Revier auch stimmen. Von seiner Arbeit als Zivilfahnder kennt er die Aufteilung der Zonen zwischen den einzelnen Dealergruppen der Großstadt bestens. Einmal die Maghrebiner, dann die Westafrikaner und die Araber aus dem Nahen Osten.

»Den Heroinhandel in der U-Bahn und an den Bahnhöfen beherrschen Palästinenser. Manchmal kommen sie direkt aus den palästinensischen Gebieten, mal aus dem Libanon.«

»Kann es sein, dass sie mit ihren Einnahmen auch die Hamas und die Hisbollah unterstützen?«

»Wir können nichts beweisen. Aber das ist sehr gut möglich.«

Chris erzählt von einem ganz anderen Drogenfund vor etwa zehn Jahren, eine Geschichte, die erklärt, warum er und viele seiner Kollegen bei der Drogenfahndung so arbeiten, wie sie arbeiten.

Vor einiger Zeit, sagt er, hätten Zivilfahnder das Auto eines bekannten libanesisch-kurdischen Clans in Berlin gestoppt. Der Wagen voll besetzt, im Kofferraum ein Kilo Gras. Jeder der vier erklärte, er habe davon keine Ahnung, sein Gras sei das mit Sicherheit nicht. Auch das Auto gehörte keinem der vier, sondern war auf die Mutter eines Clanmitglieds zugelassen. Nach einigem Hin und Her habe die Polizeibehörde entschieden, das Marihuana als Fundsache zu behandeln.

»Wann war das?«

»Ist schon über zehn Jahre her.«

Chris spielt mit einem Ingwerstück aus seinem Tee. »Seitdem fragen sich natürlich die meisten, die länger dabei sind, was soll das?«

Dealer im Park und Leute, die sich ihre Wochenration Gras im Görlitzer Park kaufen, sagt er, seien überhaupt nicht das Problem dieser Stadt, sondern Clans, die alle wichtigen Bereiche beherrschen: Schutzgelderpressung, Glücksspiel, Drogen, Prostitution (zu den Spezialitäten Berlins gehört die große Zahl minderjähriger Prostituierter in der Kurfürsten- und Kleiststraße). Das Geld aus den Geschäften würde dann vor allem in Immobilen gesteckt. Seit einiger Zeit versuchten die Clans mit erstaunlichem Erfolg, in den Polizeidienst vorzudringen. Bestimmte Clanmitglieder, bei denen darauf geachtet werde, dass sie nicht mit dem Gesetz in Konflikt kommen, würden sich bewerben.

Bei einer Polizeirazzia in einer Bar, die zum Drogenhandelsmilieu gerechnet wird, soll sich ein Junge der dort herumhing, seinen Kollegen als Polizeischüler zu erkennen gegeben haben.

Gelegentlich finden Revierkämpfe zwischen Clans beziehungsweise Gruppen statt. Die Kombattanten achten allerdings in Berlin und anderen deutschen Städten darauf, möglichst keine Zivilisten in Mitleidenschaft zu ziehen. Am 10. Mai 2017 beispielsweise stoppten sechs Mitglieder der »Guerilla Nation Vaynakh«, einer tschetschenischen Gang, mit ihren Autos vor einem Café in Wedding und feuerten aus AK-47-Maschinenpistolen 16 Schuss durch Tür und Schaufenster des Lokals und dann noch einige Salven im Raum selbst, der Wirt schoss mit seiner Pistole zurück. Verletzt wurde wie durch ein Wunder niemand, hieß es in Presseberichten. In Wirklichkeit dürfte auch niemand die Absicht gehabt haben, ein Massaker zu veranstalten. Dem eigentlichen Anlass wäre das auch nicht angemessen gewesen; wie sich im Prozess herausstellte, ging es eigentlich um eine geschäftliche Misshelligkeit. Der Wirt, ein Grieche, hatte sich geweigert, der »Vaynakh« die Lieferung von einem Kilo Marihuana zu bezahlen, weil ihm die Qualität mangelhaft vorkam.

Ob er es für sinnvoll hält, Drogen zu kriminalisieren, kann Chris nicht genau sagen. Er kennt die Forderungen mancher Polizeikollegen, mit der Verfolgung ganz aufzuhören. »Ich bin mir nicht sicher. Ich möchte vor allem nicht, dass Kinder und Jugendliche zu leicht rankommen. Andererseits, das Zeug ist zwar offiziell verboten, vom Görlitzer Park abgesehen. Aber du bekommst es trotzdem an jeder Ecke.«

KÖPFE

In Berlin flacken selbst beim Einsatz automatischer Waffen nur noch Kleinkämpfe auf, verglichen mit dem wirklichen Drogenkrieg am Amazonas und in Mexiko. Das Abschlachten dort erinnert in seiner Dauer, endzeitlichen Brutalität und Gewalt viel mehr an den Dreißigjährigen Krieg, als dass es etwas mit den von Technik und Distanzwaffen bestimmten Militäraktionen der Neuzeit gemein hätte.

Im Dreieck von Nordbrasilien, Peru und Kolumbien versuchen mehrere Kartelle, Produktion und Vertrieb von Kokain in die Hand zu bekommen, hauptsächlich die »Familía do Norte«, gegründet 2007 in Manaus, und das ältere »Primeiro Comando da Capital«, kurz PCC, aus São Paulo, im Geschäft seit 1993.

Am Neujahrstag des Jahres 2017 übernahmen Häftlinge aus den Reihen der »Familia do Norte« für 17 Stunden die Herrschaft im Anisio Jobim Gefängnis in Manaus. Sie pflanzten die Fahne der Organisation auf das Dach, überwältigten 56 Gefangene, die zur PCC gehörten, führten sie auf den Gefängnishof und schlugen ihnen die Köpfe ab, die sie in eine Reihe legten. Fünf Tage später brachten Mitglieder der PCC im Monte Christo-Gefängnis 33 Männer der »Familia do Norte« in ihre Gewalt. Die meisten von ihnen wurden gevierteilt. Merkwürdigerweise benutzt die PCC das taoistische *Taijitu* als Organisationssymbol, im Westen besser bekannt als Yin-Yang-Zeichen, je eine rotierende schwarze und eine weiße Hälfte im Kreis, die geistige Harmonie verkörpern.

Kartelle südamerikanischer Länder operieren neben der Herstellung und dem Drogengeschäft meist noch auf verschiedenen anderen Feldern, von Entführung zur Lösegelderpressung über Schutzgelderpressung und Schleusertätigkeit. Einige Organisationen, etwa die PCC, konzentrieren sich hauptsächlich auf den Handel mit Narkotika, ihre Mitglieder treten Polizeiberichten zufolge in manchen Stadtvierteln sogar als bewaffnete Ordnungsmacht auf, die Kleinkriminelle jagt und häufig auch umbringt. Damit schafft sie sich Rückhalt in der Bevölkerung, außerdem sorgt das Kartell damit für den ungestörten Ablauf der eigenen Geschäfte.

Sämtliche Elemente dieses Krieges, seine Brutalität, seine Hartnäckigkeit, seine unerschöpflichen Ressourcen, alles erklärt sich aus der Drogenökonomie. Im Wesentlichen geht es in Südamerika um die Herstellung und den weltweiten Vertrieb von Kokain. Der Stoff lässt sich kostengünstig und leicht in den einfachsten Räumen produzieren, sogar im Freien. »Drogenlabor«, der Begriff klingt nach einem Aufwand, den es in Wirklichkeit nicht gibt. Eine Tonne Kokablätter kostet in Kolumbien etwa 400 bis 500 Dollar. Der Hersteller kauft sie von Bauern, trocknet die Blätter, falls das nicht schon geschehen ist, und weicht sie anschließend in einer Wanne mit Wasser und Schwefelsäure ein. Dann zerstampft er das Material zu einem Brei, den er in ein Plastikfass füllt und mit Kerosin, Kalk und Natriumcarbonat versetzt, um in einer Säure-Base-Extraktion die eigentliche Kokapaste herauszulösen, die *pasta basica*, die anschließend getrocknet wird. Viele Südamerikaner rauchen diese Zwischenstufe, *bazuco* genannt. Mit Aceton, Ammoniak und Pottasche reinigt der Kokainarbeiter die Masse weiter, es entsteht die *pasta lavada oder* Kokainbase. Die in Platten getrocknete und zerkleinerte braune Paste sieht Schokoladenbruch täuschend ähnlich. Mit Salzsäure und Äther lässt sich daraus Kokainhydrochlorid extrahieren, das zum Schluss mit Kaliumpermanganat gebleicht wird. Aus einer Tonne Blätter wird etwa ein Kilogramm Brei, aus einem Kilo *pasta basica* lässt sich ein halbes Kilo *pasta lavada* machen, die wiederum zu 400 Gramm Kokainhydrochlorid schrumpft.

Übrigens liegt in dieser Produktionsweise auch der Grund, warum die Bekämpfung sogenannter Drogenlabore aus der Luft zu den erfolglosesten Militärstrategien der Gegenwart gehört. Ein sogenanntes Drogenlabor besteht in Hunderten Fällen aus nichts mehr als ein paar Plastikwannen zum Einweichen der Blätter, einem Plastikfass und zwei, drei, aber vielleicht auch nur einem Laboranten, der unter einem aufgespannten Camouflagenetz mit Chemikalien hantiert. Die Chancen, eine Kleinstfabrik dieser Art in Gebieten von der Größe eines mittleren europäischen Staates aufzuspüren und aus einem Hubschrauber oder Flugzeug heraus zu treffen, kann jeder selbst kalkulieren.

Wenn die Dschungelchemiker die letzte Bearbeitungsstufe erledigt haben, übernehmen Mitarbeiter der nächsten Wertschöpfungsstufe alles Weitere, packen die Substanz ab und schicken sie auf den Weg in das Absatzgebiet, hauptsächlich in die Vereinigten Staaten oder nach Europa. Sobald ein Kilo die Grenze überquert, liegt sein Wert zwischen 10 000 und 20 000 Dollar. Dann folgt die letzte Stufe, der Vertrieb in der Fläche. Einzeln verpackt in verschließbare Plastiktütchen, liegt der Straßenverkaufspreis bei etwa 150 000 Dollar. Aus diesen einzelnen Geschäftsstufen ergibt sich auch die Antwort auf die Frage, warum weder die Vernichtung von Kokaplantagen noch die Jagd auf einzelne Schmuggelcontainer das Gesamtgeschäft ernsthaft stört. Selbst eine Verdoppelung des Kokablätter-Preises würde den Endkundenpreis in New York oder London kaum beeinflussen angesichts der Spanne, die zwischen beiden Werten liegt. Bei dieser Gewinnsteigerung spielt es auch kaum eine Rolle, ob Fahnder nun fünf oder zehn Prozent der Schmuggelware abfangen. Alle staatlichen Unternehmungen gegen die Drogenkartelle gleichen deshalb dem Versuch, einen See mit Eimern leer zu schöpfen.

Solange das Geld der Endverbraucher zu den Kartellen strömt, geht dem System der eigentliche Treibstoff nicht aus. Ein monströses Reichtumsversprechen bringt offenbar über alle Zeiten hinweg ähnliche Bilder hervor, von der Eroberung des Inkareichs mit seinen Schätzen durch spanische Abenteurer vom Schlag eines Hernán Cortés bis zu den metzelnden Kartellkriegern der südamerikanischen Gegenwart. Herstellung und Verkauf von illegalen Substanzen, das ist das heutige *Dorado*, das Goldreich. Es bedarf schon einer Grausamkeit weit über dem Maß normaler Straßengangs, um überhaupt in die Nähe dieser Schätze zu gelangen. Wer es einmal dorthin schafft, der muss neue Folter- und Mordmethoden erfinden, wenn er seine Position in einem Kartell halten und ausbauen will. Im Krieg gegen andere Kartelle kann sich wiederum nur behaupten, wer alle Grenzen hinter sich lässt. Gewaltmaximierung ist ein notwendiges Mittel des Wettbewerbs.

Das Köpfen, Zerhacken und auch das gelegentliche Verbrennen bei lebendigem Leib gehört deshalb von Brasilien bis hinauf zur mexikanischen Nordgrenze zur Handschrift der Organisationen. In dieser apokalyptischen Landschaft steht ein kleiner Ort kurz vor der mexikanischen Grenze zu Texas für das ganze Panorama, Nuevo Laredo. Die Stadt mit etwa 380 000 Einwohnern liegt am Rio Grande und an der Fernstraße 85, die hinter der Grenze als Interstate 35 nach San Antonio weiterführt. Die Route besitzt strategische Bedeutung für den Drogentransfer nach Norden. Um die Kontrolle der Stadt führten das Sinaloa-Kartell und das traditionell ansässige Golf-Kartell einen Vernichtungskrieg, der mit dem Einmarsch von Joaquín Guzmán Loera, genannt »El Chapo« (»Der Kurze«) 2003 in die Gegend um die Stadt begann. Guzmán, Anführer des Sinaloa-Kartells, gab sich nicht mehr mit der Aufteilung der Reviere zufrieden. Er hielt sich für stark genug, eine andere Drogenorganisation zu schlagen. Aber erst 2012 erreichte der Nuevo-Laredo-Krieg seinen Höhepunkt. Am 17. April fand die Polizei in einem abgestellten Chrysler Voyager Plastiksäcke mit den zerstückelten Resten von 14 Männern, die zu den »Los Zetas« gehörten, der militärischen Einheit des Golf-Kartells. Guzman ließ eine Botschaft an die Einwohner verbreiten, er habe begonnen, die Stadt von den »Los Zetas« zu säubern. Seine Organisation sei ausschließlich am Drogenhandel interessiert, nicht an Entführungen und Erpressungen, sie werde normale Bürger in Ruhe lassen. Seine Deklaration endete mit dem Satz, der an Darth Vader erinnert: »Vergiss nicht, dass ich dein wahrer Vater bin.«

Es dauerte 17 Tage, bis die »Los Zetas« zur öffentlichen Demonstration schritten und 23 Leichen an einer Brücke über den Highway 85D platzierten, 14 von ihnen geköpft, die anderen an die Brücke geknüpft. Nur Stunden später lagen 14 kopflose Leichen von Los-Zetas-Mitgliedern in einem Fahrzeug. Ein Trupp von Männern, die kein Zeuge sah, stellte Eiskühler mit 14 Köpfen vor dem städtischen Palast von Nuevo Laredo auf.

Hier verwirrt sich die Überlieferung etwas; möglicherweise rechneten die mittlerweile unabhängigen »Los Zetas« mit dem Golf-Kartell ab, ihrem ehemaligen Verbündeten, und bestraften gleichzeitig die Verantwortlichen für eine Autobombe. »El Chapo« meldete sich ebenfalls mit einer Erklärung zu Wort, deren Botschaft sinngemäß lautete, niemand solle seine Anwesenheit in der Stadt bezweifeln, er werde weiterhin tun und lassen, was er wolle, niemand trage hier seinen Kopf ohne seine, »El Chapos«, Erlaubnis auf den Schultern. Auch darin ähnelt diese Blutlandschaft dem Dreißigjährigen Krieg: Allianzen formieren sich und wechseln, selbst die Vollstrecker können sich zu keiner Zeit sicher fühlen. Nur die Gewalt selbst bildet eine Konstante.

Genau nachgezählt hat bisher niemand, aber es ist gut möglich, dass paramilitärische Narco-Formationen in Südamerika mehr Menschen geköpft haben als der sogenannte IS. Einige Kommandeure gehen noch über das übliche Maß der Gewalt hinaus, weil es sich bei der Mordmethode um eine Art persönlicher Signatur handelt. Nach dem Aufstieg der »Los Zetas« von einer reinen Exekutionstruppe zu einem eigenständigen Kartell führte ihr Befehlshaber Miguel Treviño die Praxis ein, Opfer mit Benzin zu übergießen und lebendig in 55-Barrel-Ölfässern zu verbrennen. Das Verfahren nannte er *El guiso*, das Schmoren. In der Grausamkeit liegt eine Logik, und zwar eine ökonomische. Von Mexiko aus führt der Weg in die Vereinigten Staaten, dem größten Drogenabsatzmarkt der Welt, vom brasilianisch-peruanisch-kolumbianischen Dreieck aus nach Europa, dem zweitgrößten Absatzgebiet.

Die Gesichter von Pablo Escobar, Guzmán, Miguel Treviño und vielen anderen gleichen einander erstaunlich; wuchtige Hälse, runde, symmetrische, fleischige Gesichter, wachsame Augen. Die Phantasiegestalten der Drogenkriegs-Fernsehserien haben kaum persönliche Züge mit den Originalgestalten gemein. Sie leben vom Abglanz der Grausamkeit. Nur die Abstraktion unter Vermeidung von Details wie Köpfen, Vierteilen und Verbrennen macht sie überhaupt in der Populärkultur verkäuflich. Das allerdings sehr gut. Seinen 50. Geburtstag richtete der britische Musiker Noel Gallagher als Reenactment der TV-Serie *Narcos* aus, seine Gäste verkleideten sich als *Narcos*-Figuren, er selbst als Pablo Escobar. Zur Biographie eines echten Escobar, El Chapo, Treviño und etlichen anderen gehört immer auch das Muster, dass sie ihre Führungsposition einnehmen konnten, weil die Polizei jeweils einen anderen Anführer ins Gefängnis gebracht hatte. Der Verlauf ihres jeweiligen Aufstiegs, ihrer Jahre an der Spitze einer Organisation und ihrer Festnahmen variiert mit kleinen Abweichungen immer die gleiche Dramaturgie. Zu seinem Schutz vor militärischen Attacken aus der Luft unterhielt Guzmán eine Truppe mit transportablen Boden-Luft-Raketen, seine Paramilitärs verfügten über panzerbrechende Waffen. Ein Zugriffsteam verhaftete ihn 2017, ohne einen Schuss abzufeuern, in einem Hotel, als er mit seiner Geliebten auf dem Bett seiner Suite lag. Ähnlich glanzlos endete auch die Laufbahn von Treviño, eine Festnahme in einem günstigen Augenblick ohne Feuerwerk. An die Stellen der beiden rückten in kürzester Zeit die nächsten Kader. An dem, was Drogenkrieg genannt wird, gibt es wenig Individuelles, weder auf Seiten der Täter noch der Opfer. Namen und Phänotypen sind austauschbar.

Es handelt sich um eine riesige Wiederholungsschleife.

KRIEGSFLÜCHTLINGE

Dass sie zu Hause in einem Loop der ewigen Lebensgefahr feststecken, zu diesem Schluss kommen alle Zivilisten, die sich irgendwann aus dem Drogenkriegsgebiet davonmachen. Eine von der UNO oder anderen Organisationen registrierte Flüchtlingsbewegung gibt es nicht. Im öffentlichen Bewusstsein außerhalb der beiden Amerikas gilt dieser Krieg auch nicht als Krieg, sondern als Serie isolierter krimineller Akte. Wer davor flieht, besitzt nirgendwo einen Flüchtlingsstatus.

»Ich wollte in Europa leben, schon, als ich noch ein Teenie war.« Rolando, Mitte 30, stammt aus El Salvador. Er trägt seine dunklen Locken kurz geschnitten, sein Teint hat die Farbe von hellem Milchkaffee. Ein Bartschatten liegt über den kleinen Muskeln neben den Mundwinkeln. Rolando trägt ein dunkelblaues Jackett, ein hellblaues Hemd, beige Chinos und Wildlederstiefel, als wir uns zum Essen in einem Londoner Restaurant treffen. Seit zehn Jahren lebt er in Mitteleuropa, er verdient sein Geld als Angestellter eines Logistikunternehmens. Seine Familie in El Salvador besucht er einmal im Jahr. In seinem sicheren Deutsch gibt es einen Exotismusfaktor, den nach seiner Erfahrung viele mögen, ein kehliges R. Konsonanten klingen wie kleine Explosionen. Er spricht auch Englisch, das Deutsche beherrscht er allerdings deutlich besser, weil er ein paar Jahre in München gelebt hatte.

Als Jugendlicher, sagt Rolando, habe er Leistungssport betrieben, Rennrad und Mountainbike. Durch die Wettkämpfe habe er Paris kennengelernt, Berlin, Wien, Moskau. Schon damals, mit 15, 16, habe er sich entschieden, für immer aus seinem Land wegzugehen. Es gibt eine Bedingung, unter der er von früher erzählen will, nämlich die einer Spurenverwischung. Sein Aussehen und Details zu seiner Person möchte er in dem Buch verändert haben. »Es gibt immer noch Entführungen bei uns zu Hause. Viele denken, wenn jemand in Europa arbeitet, dann muss er reich sein. Mir geht es nicht schlecht. Aber das, was ich hier verdiene, ist mitteleuropäischer Durchschnitt.«

Als Kind hatte er noch die späten Ausläufer des Bürgerkriegs zwischen der linken Guerillabewegung *Frente Farabundo Martí para la Liberación Nacional* und der Militärregierung erlebt, der etwa 70 000 Menschen das Leben kostete. Danach, sagte er, sei der Krieg auf andere Weise weitergegangen.

»Es kamen Männer zu uns nach Hause, die uns sagten, dass wir ihnen Geld zahlen sollten. Sonst würden sie jemanden aus der Familie entführen.« Das seien Gruppen gewesen, die mit Drogen handelten, die außerdem normale Leute erpressten und über automatische Waffen verfügten. Niemand habe ernsthaft an deren Tötungsbereitschaft gezweifelt.

»Und was hat deine Familie gemacht?«

»Man konnte sich an bestimmte Gegengruppen wenden, sogenannte Säuberer. Die haben sich dann die anderen vorgenommen. Ich weiß nicht, was dann genau passiert ist. Jedenfalls haben die Säuberer auch viel Geld verlangt.«

Seine Eltern, so Rolando, hätten sich für diese Variante entschieden. Was allerdings auch bedeutete, dass sie ihr Haus aufgeben und in eine andere Stadt ziehen mussten. Aber immerhin wurde niemand entführt. Für Rolando gab es ein Ereignis, das sich bei ihm eingebrannt hatte, kein eigenes Erlebnis, sondern eine innerfamiliäre Geschichte.

»In der Mangoplantage meiner Großmutter lag eines Morgens ein Männerkopf. Zum Glück hab ich ihn nicht gesehen. Es stellte sich heraus, dass er von einem Gefängniswärter stammte. Seinen Körper hatte die Polizei ungefähr einen Kilometer entfernt gefunden. Wahrscheinlich hatte er sich geweigert, mit irgendeiner Organisation zusammenzuarbeiten.«

Wenn er davon erzählt, dann lächelt er in regelmäßigen Abständen. Ich frage ihn danach. Das sei ein Tick von ihm. »Kennst du das auch, dass man aus Angst lacht? Als Kind ist mir das oft passiert. Wenn die Männer an unsere Tür klopften zum Beispiel. Manchmal lache ich heute bei der Arbeit im Büro vor mich hin. Hihihi. Neue Kollegen fragen mich manchmal, warum ich das mache. Ich sage dann, weil ich so ein fröhlicher Mensch bin.«

»Wie ist die Lage heute in El Salvador?«

»Ruhiger als in den Achtzigern und Neunzigern. Was heißt ruhig? Es ist immer noch gefährlich, na klar. Aber relativ sicher, verglichen mit Brasilien, Kolumbien oder Venezuela. Aber das gefährlichste Land in Südamerika ist heute Mexiko. Die Gewalt dort, die übertrifft alles.«

David Toscana gehört, wie es noch immer bei Wikipedia heißt, zu den bekanntesten Schriftstellern Mexikos. Tatsächlich lebt er schon seit Jahren nicht mehr dort. Seine Erzählungen werden in ganz Lateinamerika und in den USA gelesen, Toscana schreibt außerdem regelmäßig Essays für die *New York Times*. Er sitzt an einem robusten Holztisch im Wohnzimmer eines Hauses in Tarifa, das einem Freund von ihm gehört, vor sich ein Glas Weißwein, neben ihm sitzt seine Freundin. An die Wände gelehnt stehen ihre Bilder, pastose Gemälde in gedeckten Farben. Seine Lebensgefährtin, die aus Polen stammt, ist ein Grund dafür, dass er nach Europa ging, als er sich entschlossen hatte, Mexiko zu verlassen, erst Richtung Portugal, dann nach Tarifa, der südlichsten Festlandstadt Spaniens, 15 Kilometer entfernt von der marokkanischen Küste. Er wollte in einem spanischsprachigen Land bleiben; vom Mittelmeer aus reisen beide auch ab und zu nach Polen.

Toscanas Gesicht bewegt sich sehr beim Reden und Lachen, um seine Augen täuschen verästelte Falten eine tiefe, habituelle Müdigkeit vor. In Wirklichkeit gehört er zu den Menschen, die auch nach Mitternacht noch stundenlang hochkonzentriert sprechen oder schreiben können.

Es habe für ihn, sagt er, nicht den einen Moment gegeben, in dem er entschieden hätte, sein Land zu verlassen.

»Ich hatte in Monterrey gewohnt, für mexikanische Verhältnisse war es dort lange ziemlich sicher.« Vor einigen Jahren sei sein Nachbar erschossen worden, ein Polizist. »Ich kenne keine Hintergründe. Aber generell ist die Polizei bei uns sehr korrupt. Niemand weiß genau, wo die Grenzen zwischen den Gangs und den Beamten verlaufen.« Dann habe es auch einen guten Freund von ihm erwischt, einen Literaturprofessor. »Man hat ihn durchsiebt in seinem Auto gefunden.«

»Warum ist er erschossen worden?«

»Keine Ahnung. Die wenigsten Morde werden je aufgeklärt.« Vielleicht sei es eine aus dem Ruder gelaufene Entführung gewesen, möglicherweise sei er Zeuge von irgendetwas geworden. Vielleicht auch reiner Zufall, eine Verwechslung.

»In Mexiko«, sagt David und gießt unserer Runde reichlich Wein nach, »ist das Leben eine Art Lotterie. Kann sein, dass du nichts gewinnst. Andere Leute neben dir gewinnen eine Entführung oder einen Mord. Jedenfalls, das Spiel fängt jeden Tag wieder von vorn an. Willst du das mitmachen? Das ist die Frage.« 23 000 Drogenkriegsopfer pro Jahr bei einer Bevölkerung von gut 124 Millionen, das Risiko eines Lebens in Mexiko liegt – klassische Kriegsgebiete wie Syrien einmal ausgenommen – im mittleren Bereich. In Honduras sterben 67 von 100 000 Menschen pro Jahr durch Schusswaffen, in Venezuela 39, in Mexiko 6,34, in den USA 3,6. In Davids neuer Heimat Spanien 0,15, in seiner zweiten Heimat Polen 0,04.

Rolando und David gehören mit ihrer Bildung zu den Privilegierten, die es legal in sichere Länder schaffen. Die meisten Lateinamerikaner, die der Gewalt und dem wirtschaftlichen Elend ihrer Länder entkommen wollen, versuchen die Grenze zu den USA zu überwinden. Zwischen Drogengewalt und illegaler Wanderung existiert nicht nur die Verbindung, dass beide kausal zusammenhängen. Beide Geschäfte liegen auch in der Hand der gleichen Kartelle. Die Schmuggelrouten sind die gleichen, die ökonomischen Gesetze auch. So, wie die Illegalität die Gewinnspanne für Drogen hoch hält, verteuert sich auch der Preis für die Passage nach Norden, je schärfer der Grenzschutz auf amerikanischer Seite ausfällt.

»Da es durch die Sicherheitsmaßnahmen schwerer geworden ist, über die Grenze zu kommen, waren die Kriminellen in Lage, ihre Wege des Drogenschmuggels zu nutzen, ihre Kenntnis der Routen und der Grenzbeamten, die sich bestechen lassen«, erzählte Laura Carlsen, die Direktorin des Americas Program im Juni 2017 dem Magazin *Daily Beast*. Bei dem Americas Program of the Center for International Policy handelt es sich um ein Analyseinstitut, das den Einfluss US-amerikanischer Politik auf Südamerika untersucht. Der Sitz der Organisation befindet sich in Mexico City. »Zusätzliche Schwierigkeiten an der Grenze machen es teurer für die Migranten und lukrativer für die Kartelle, da niemand mehr aus eigener Kraft über die Grenze kommt.«

Nach Schätzungen ihrer Organisation und anderer Beobachter liegt der Preis für eine Schleusung bei 10 000 Dollar. Viele illegale Einwanderer nehmen deshalb im Auftrag ihrer Helfer Drogen auf ihrem Weg in den Norden mit, um die Kosten zu senken.

David entkorkt noch eine Flasche Wein. Er gehört zu den bewundernswerten Menschen, die mit jedem Glas nüchterner werden.

»Was denkst du über den Konsum von Drogen?«

»Für mich selbst? Ich mag es, mit anderen ein paar Gläser zu trinken. Das war's. Mexiko hatte lange Zeit eine Art Volksdroge, Peyote. Aber die war kein Millionengeschäft, ganz anders als Kokain heute.«

»Was hältst du von der Idee, Drogen nicht mehr zu kriminalisieren?«

»Kann sein, dass dadurch neue Probleme entstehen. Aber es wäre wahrscheinlich weniger falsch als alles andere.«

AGENTIN ANNIE

Es gibt drei Arten von Organisationen, die alles über den Drogenkrieg wissen. Erstens die Kartelle. Zweitens ihre Gegenspieler, die amerikanische *Drug Enforcement Administration* (DEA), die mexikanische Nationalgarde, die polizeilichen Drogenbekämpfungsbehörden aller an diesem Krieg beteiligten Länder. Und drittens die Organisation LEAP, *Law Enforcement Against Prohibition*, Strafverfolgungsbeamte gegen Prohibition, ein internationales Netz von aktiven und pensionierten Drogenfahndern, Staatsanwälten, Richtern und Mitarbeiter von Nachrichtendiensten, die daran arbeiten, den *War on Drugs* zu beenden. Im Jahr 2002 gründete eine Gruppe von Beamten und Pensionären LEAP in den USA, die Organisation sitzt bis heute in Medford, Massachusetts. Nach und nach entstanden Ableger in anderen Ländern, in Deutschland formierten sich die Kämpfer für einen Drogenfrieden 2015 und wählten den früheren Polizeipräsidenten von Münster, Hubert Wimber, zu ihrem Vorsitzenden. Insgesamt 15 000 Mitglieder gehören zu LEAP, wobei die Organisation nicht mitteilt, wie viele davon sich im aktiven Dienst befinden. Es sind einige, die meisten allerdings stießen erst nach Ende ihrer Behördenkarriere dazu, sozusagen als Veteranen des Drogenkrieges.

Echte Geheimdienstler gibt es eher selten in dieser internationalen Verbindung, der selbst etwas von einem Agentenring anhaftet. In Europa allerdings spielte eine klassische Agentin die Hauptrolle für den Aufbau von LEAP-Dependancen, Annie Machon, ehemalige Mitarbeiterin des britischen Inlandsgeheimdienstes MI5. Von 2012 bis 2016 leitete sie den europäischen LEAP-Zweig. Es ist nicht besonders schwer, sie zu treffen; über eine Agentur in der Schweiz lässt sich ein Termin mit ihr in ihrer neuen Heimatstadt Brüssel ausmachen. Annie, Jahrgang 1968, trägt einen hellbraunen Blazer und ein rötliches Top. Sie wirkt durch zwei natürliche Vorteile jünger, erstens durch ihre langen blonden Haare. Zweitens durch ihr Lachen, mit dem sie ihre Erzählung über ihre MI5-Karriere, die ziemlich wilde Flucht vor den Behörden und ihre Arbeit für LEAP wie durch ein Absatzzeichen gliedert. Jeweils eine zusammenhängende Schilderung, die ein paar Minuten dauert, eine Pointe, dann das Lachen.

Da sie auf ihrer Website erwähnt, sie würde Flughäfen hassen und nach Möglichkeit mit der Bahn fahren, frage ich gleich als Erstes, ob sie eine Waffe trägt. Oder früher als Agentin getragen hat. Sie lacht ihr Annie-Lachen.

»Niemals«, sagt sie. »Meine Waffe ist das hier.« Sie zeigt mit den Zeigefingern links und rechts an ihre Schläfen. »Meine Aufgabe beim MI5 war die Analyse von Fakten.« Wir treffen uns in einem griechischen Restaurant, das im Brüsseler Europa-Viertel liegt. Sie sagt, dass sie seit ihrer Studentenzeit Retsina liebt.

»Waffen hat keiner von uns getragen«, sagt sie. »Wir unterscheiden uns ziemlich von Agenten in den USA beispielsweise. Als ich 1990 zum Geheimdienst kam, gab es in dem Büro noch nicht einmal einen Computer. Ich habe alles von Hand geschrieben und gab es einer Sekretärin zum Abtippen.«

Es gibt eine Reihe von plötzlichen Kehrtwenden und guten Cliffhangern in der Geschichte, wie Annie zum MI5 kam, die Arbeit dort nach sechs Jahren hinwarf, als Verräterin von der Justiz gejagt wurde und schließlich, Jahre später, den Posten der Präsidentin von LEAP Europe übernahm. Annie Machon stammt von der Kanalinsel Guernsey, sie studierte klassische Sprachen in Cambrigde. Neben Altgriechisch spricht sie Französisch, auch ein wenig Russisch und Deutsch. Als Teenager, erzählte sie in ihrem Buch Lies, *Spies and Whistleblowers*, habe sie 1979 zusammen mit ihrem Vater die siebenteilige BBC-Verfilmung von John le Carrés *Dame, König, As, Spion* gesehen. Ihr sei diese Welt damals ziemlich düster vorgekommen, andererseits auch ziemlich interessant. Jedenfalls sagte sie zu, als ihr der Inlandsgeheimdienst einen Job anbot. Zuerst musste sie sich dort mit einer Aufgabe herumschlagen, die sie als lächerlich und öde empfand, die Überwachung einer unbedeutenden trotzkistischen Sekte, *the red under the bed*, wie es damals unter den Kollegen hieß, die Arbeiten dieser Sorte auch nicht sonderlich ernst nahmen. Später arbeitete sie dann in der Abwehr gegen die Provisorische IRA. Ihr damaliger Freund David Shayler diente ebenfalls im MI5, und beide begannen heimlich Material zu sammeln, das Inkompetenz, systematischen Gesetzesbruch und Öffentlichkeitstäuschung durch die MI5-Führung belegen sollte. Dabei ging es um zwei sehr unterschiedliche Vorgänge. Zum einen sollte der Inlandsgeheimdienst Shayler zufolge aus einer Art Paranoia heraus auch Labour-Politiker wie Peter Mandelson, einen der engsten Vertrauten von Premierminister Tony Blair, und Innenminister Jack Straw überwacht haben. Der andere Komplex betraf den Auslandsgeheimdienst MI6. Nach einem Dossier, zu dem Shayler nach eigenen Worten Zugang hatte, unterstützte der Dienst ohne Wissen der britischen Politik die *Al-Qaida*-nahe »Libysche islamische Kampfgruppe« bei einem Bombenanschlag auf den libyschen Diktator Gaddafi im Jahr 1996 (den Anschlag gab es tatsächlich, die Bombe explodierte nicht unter Gaddafis Wagen, sondern unter einem anderen). Shayler entschied sich 1996, den MI5 zu verlassen und das Material an den damaligen Innenminister Jack Straw zu schicken. Annie Machon ging mit Shayler von Bord. Nicht nur aus Liebe, wie sie sagt, es sei eine grundsätzliche Entscheidung gewesen. Weil sein Schritt nicht die erhoffte politische Wirkung hatte, gab David Shayler 1997 schließlich Unterlagen an die *Mail on Sunday* weiter; einen Tag vor der Veröffentlichung floh er zusammen mit Machon erst in die Niederlande und dann nach Frankreich. Die französischen Behörden weigerten sich, ihn auszuliefern, trotzdem kehrte er im Jahr 2000 freiwillig ins Vereinigte Königreich zurück, wo er schließlich zu einem halben Jahr Gefängnis wegen Geheimnisverrats verurteilt wurde. (Seine weitere Geschichte nahm einen traurigen Verlauf. Shayler erklärte sich zum Sohn Gottes, stieß zu den Verschwörungstheoretikern, die den Anschlag vom 11. September 2001 zum Geheimdienstplot umdeuteten, trat einige Male im Fernsehen auf und nannte sich schließlich Delores Kane.)

Annie Machon trennte sich von ihm, sie ist sich sicher, dass ihr ehemaliger Freund durch die Flucht und den Prozess einen womöglich irreparablen Persönlichkeitszusammenbruch erlitten hat. Sie selbst wirkt wie das Musterbild einer rationalen Agentin, ein wenig erinnert sie an die Figur

Helen in Wolfgang Herrndorfs Thriller *Sand*. Von ihrer neuen Heimat Brüssel aus arbeitet Machon als Autorin für verschiedene Zeitungen, tritt in Fernsehsendungen auf und hält Vorträge über Terrorismus. Ein spezielles Thema ist für sie die Verbindung zwischen Drogenhandel und Terrorismus, auf die sie schon damals beim MI5 stieß. »Die nordirischen Loyalisten haben sich vor allem durch Drogenhandel in Nordirland finanziert. Mit dem Geld konnten sie Waffen kaufen und dadurch auch ihre Position im Rauschmittelhandel weiter festigen. Das war der perfekte Geschäftskreislauf.« Über diese Zusammenhänge hatte sie nach ihrem Ausstieg gesprochen. Und genau wegen dieser Kenntnisse, meint Annie, hätten LEAP-Vertreter sie nach ihrer Phase im Teilzeitexil angesprochen und gefragt, ob sie sich vorstellen könne, für den europäischen Ableger der Organisation zu arbeiten.

»Bist du für deine LEAP-Arbeit angegriffen worden?«

Annie, die gerade mit ihren griechischen Fleischspießchen fertiggeworden ist, kichert ausgesprochen fröhlich über diese Frage.

»Ach Gott, ich werde sowieso seit Jahren angegriffen und mit Vorwürfen überzogen. Ich bin das schwarze Schaf der Familie.«

Obwohl sie seit mehr als 20 Jahren nicht mehr für den Geheimdienst arbeitet, benutzt sie noch immer die gleichen Instrumente wie damals. Sie trägt Informationen zusammen, die sie von Kollegen erhält, aktiven und nicht mehr aktiven, und analysiert. Nach ihrem Urteil findet an Europas Peripherie seit einiger Zeit die perfekte Symbiose von Drogenhandel und Warlords unter Mitwirkung von Bruchstücken eines Staates statt, nämlich in Libyen. »Die meisten

Drogen aus Südamerika kommen per Schiff nach Westafrika, von dort aus wandern sie mit den Migranten nach Libyen. Weil es dort außerhalb von Tripolis und dem Küstenstreifen keinen funktionierenden Staat mehr gibt, ist Libyen nicht nur das Tor der Migranten nach Europa, sondern auch das der Drogen – und auch von Leuten, die mit dem IS in Verbindung stehen. Alles kommt auf dem gleichen Seeweg. Es ist ja bekannt, dass der IS sein Geld auch im Drogengeschäft verdient.«

Im Sommer 2016 fing die griechische Küstenwache eine Lieferung von 26 Millionen Tabletten des synthetischen Opiats Tramadol ab, die aus Indien stammte und nach Libyen zu Gruppen gebracht werden sollte, die zu den Verbündeten des IS gehören. Gegen entsprechende Zahlungen organisieren und schützen bewaffnete Gruppen in Libyen auch die Drogentransporte von Westafrika zu den Mittelmeer-Küstenstädten.

»Ein paar europäische Staaten arbeiten mit der Regierung in Tripolis zusammen, um die Migration einzudämmen. Sprechen die auch den Drogenschmuggel an? Ohne Duldung der libyschen Behörden würde der ja wahrscheinlich nicht so leicht stattfinden.«

»Tja.« Sie zuckt mit den Schultern. »Wie man im Englischen sagt: ›They turn their blind eye.‹ Du weißt vielleicht, die Redensart geht auf Admiral Nelson zurück.« Sie deutet mit der Hand die Augenklappe an.

Egal, um welche Anbaugebiete es gehe, um welche Kartelle, um welche Schmuggelrouten, so Annie, die Zuständigen in den Geheimdiensten und den politischen Administrationen wüssten generell sehr gut darüber Bescheid. Das sei nicht der Punkt im Zeitalter von Satelliten und Überwachungsdrohnen, sondern das Ineinander von taktischen und strategischen Interessen.

Das gleiche Muster, das als Einschub, zeigt sich auch in Afghanistan. Dort erhöhte sich zwar die Zahl der amerikanischen Soldaten von Anfang 2017 bis zum Frühjahr 2018 drastisch, von 8400 auf 15000; gleichzeitig erreichte aber auch die Anbaufläche von Schlafmohn im Jahr 2017 ihr vorläufiges Maximum. Das US-Verteidigungsministerium prägte für die Taliban den Begriff der *Narco Rebellion*. Mohnanbau, Heroinproduktion und -handel stellen die wichtigste Finanzierungsquellen der islamistischen Truppen dar. Deren Geschäft floriert zum einen, weil nur noch ein Drittel des Landes unter Kontrolle der Zentralregierung und ihrer amerikanischen Unterstützer steht. Und selbst in diesen Landesteilen steigt der Mohnanbau, weil den bedrängten Truppen nichts anderes übrigbleibt, als bei verbündeten oder zumindest neutralen Warlords Opiumgeschäfte zu dulden.

»Alles läuft auf ein Grundproblem hinaus«, sagt Annie. »Die Vereinten Nationen haben ihre Mitgliedsstaaten dazu verpflichtet, den Handel von allen als illegal klassifizierten Substanzen zu verfolgen. Sie verteidigen die Entscheidung bis heute. Manche Argumente sind regelrecht absurd. Der Chef der UN-Drogenkriminalitäts-Abteilung Antonio Mario Costa hatte beispielsweise in der Finanzkrise 2009 gesagt: ›Ohne Drogengeld hätte jede größere Bank der Welt Liquiditätsprobleme‹.«

Um genau zu sein, Costa sagte dem *Observer* im Dezember 2009, also ein reichliches Jahr nach dem Zusammenbruch von Lehman Brothers und der Interbankenkrise, »Interbankenkredite sind mit Geld finanziert worden, das ursprünglich aus dem Drogenhandel und anderen illegalen

Aktivitäten stammte. Es gibt Anzeichen, dass damit einige Banken gerettet wurden.« Der Uno-Beamte – übrigens ein ehemaliger Banker – erwähnte damals eine Gesamtsumme von 352 Milliarden Dollar an weltweiten Gewinnen aus dem Drogenhandel in diesem Jahr, lehnte es aber ab, die angeblich mit Narco-Geld geretteten Banken zu nennen.

»Aber das ist doch faktischer Unfug, spätestens, seit die Zentralbanken die Märkte mit Geld überschwemmen.«

»Sicherlich ist eine so generelle Behauptung Unfug. Aber ich halte es für bemerkenswert, dass er überhaupt so etwas sagt.«

Jetzt, nach dem Essen, den biographischen Szenen, Zahlen und Zitaten bleibt noch der Kern übrig, die Frage, wie Annie selbst die weltweite Drogenpolitik organisieren würde, wenn sie die Macht dazu hätte.

»Eigentlich«, sagt sie, »ist das nicht besonders kompliziert. Die UN-Deklaration, die jedes Mitgliedsland zur Verfolgung von klassifizierten Substanzen verpflichtet, muss abgeschafft werden. Stattdessen sollte jedes Land selbst entscheiden, wie es damit umgehen will, entsprechend der eigenen Geschichte und den politischen Mehrheiten. Zweitens, besteuert das Geschäft! Mit dem Geld könnte eine realistische Aufklärung über Rauschmittel finanziert werden. Es könnte zum größten Teil ins Gesundheitssystem fließen.«

»Und du bist davon überzeugt, dass diese Welt dann besser wäre als unsere Welt?«

»Niemand von uns erwartet Gesellschaften voller Harmonie. Aber wenn Staaten narkotische Substanzen nicht mehr in dieser Weise kriminalisieren, dann könnten sie die Macht der Kartelle brechen. Denen könnte gar nichts Schlechteres passieren als eine neue Drogenpolitik. Und es wäre möglich, vielen Terrorgruppen die Finanzierungsquelle zu nehmen.«

Vermutlich gehört Annie Machon zu der sehr kleinen elitären Gruppe von Leuten, die sowohl dem Führungspersonal der klassischen Geheimdienste als auch den Kartellen als subversive Elemente gelten.

Es kommt noch die Routinefrage die der Interviewer jedem in diesem Buch stellt. »Hast du eigentlich selbst Erfahrungen mit Rauschsubstanzen?«

»Ich habe als Studentin Cannabis geraucht, wie wahrscheinlich jeder in meiner Generation. Ansonsten«, sie hebt das Glas mit dem letzten Schluck Retsina, »das hier. Cheers.«

5

IN DER ZONE DER FREIHEIT

SOMA

Gesetze, wie Häuser, lehnen aneinander.
EDMUND BURKE

Auf einem campusartigen Gelände an der Alameda das Linhas de Torres im Norden Lissabons – flache, verstreute Gebäude, Bäume und Rasen dazwischen – liegt das Büro von João de Castel-Branco Goulão, dem Revolutionär der Drogenfreigabe. Goulão, ein auf konservative Weise gutaussehender älterer Mann, trägt ein weißes Calvin-Klein-Hemd mit marineblauer Krawatte, beides passt zu seinem gebräunten Gesicht und gibt ihm eine Ausstrahlung, die Amerikaner »crisp« nennen. Nach einer Karriere als Arzt wechselte er in den 80er Jahren ins portugiesische Gesundheitsministerium. Dort leitet Goulão heute die Abteilung SICAD, *Serviço de Intervenção nos Comportamentos Aditivos e nas Dependências*, den Dienst für Intervention bei Suchtverhalten und Abhängigkeit. Er bittet mich, auf der anderen Seite seines Schreibtischs Platz zu nehmen.

»Sie sind also derjenige, der die Drogen in Portugal freigegeben hat.«

Er legt seine Fingerspitzen aufeinander. Nein, er allein

nicht; den Architekten dieser Politik könnte man ihn nicht nennen, das sei zu hoch gegriffen. Er habe 1998 zu einer Gruppe von neun Experten gehört, die der Regierung einen Vorschlag zur Beendigung der landesweiten Drogenkrise vorlegen sollte.

Bevor er in das Ministerium kam, praktizierte Goulão als Arzt in Faro, einer Stadt im Süden des Landes. Dort therapierte er auch eine Reihe von Suchtkranken. In den Staatsdienst, erzählt er, habe es ihn eher zufällig verschlagen. Er habe als junger Arzt das Angebot für eine Weiterbildung im Gesundheitsministerium bekommen. Dort sei er geblieben. Wegen seiner Erfahrungen habe man ihn in die Drogenreformgruppe gebeten.

»Es war nicht so, dass wir von Anfang an einen bestimmten Plan gehabt hätten. Wir sind viel gereist, wir haben uns sogenannte Druckräume und Deutschland angesehen, wir waren in den Niederlanden, die Gruppenmitglieder haben untereinander viel diskutiert. Und dabei sind wir zu dem Schluss gekommen, dass wir bei uns einen pragmatischen Weg empfehlen sollten. Das hieß: Entkriminalisierung von Drogen. Und zwar nicht nur bei Marihuana, sondern auch allen anderen Substanzen.«

»Dagegen muss es doch einen gewaltigen Widerstand gegeben haben.«

»Die Regierung, damals eine linke, hat unseren Vorschlag angenommen. Natürlich, die Konservativen haben versucht, das zu verhindern. Wenn es überall legal Drogen gibt, das war ihr erstes Argument, dann werden unsere Kinder zu Süchtigen gemacht. Zweitens, unser Land wird zum Paradies für die Drogentouristen aus aller Welt. Und – beides ist nicht passiert.«

Die Nachfrage für Drogen sei nach dem Kurswechsel zwar allgemein leicht gestiegen, bei Jugendlichen ginge sie aber mittlerweile zurück. Vor der Entkriminalisierung habe es in Portugal gut 100 000 Heroinsüchtige gegeben. Heute 50 000. Kleinkriminalität und HIV-Infektionen seien deutlich gesunken, genauso wie die Zahl der Drogentoten. Im Jahr 2016 starben in Portugal drei von einer Million Einwohnern an einer Überdosis. Der Durchschnitt in der Europäischen Union liegt bei 17,3 Toten pro einer Million.

»Aber das konnten Sie 1998 noch nicht wissen. Wie haben Sie damals argumentiert, um sich durchzusetzen?«

Auf die Frage scheint João Goulão gelauert zu haben.

»Ganz einfach. Schlimmer konnte es nicht mehr werden.«

Im *Estado Novo* des Diktators Salazar, sagt er, hätten Drogen praktisch keine Rolle gespielt. Das habe sich erst mit den Kolonialkriegen der 60er Jahre geändert. »Es war wie bei den Amerikanern in Vietnam: Da draußen nahmen viele Soldaten Drogen, meistens Marihuana, und mit den Soldaten kam der Stoff ins Mutterland. Erst nur Gras, später auch Heroin. Bei uns traf diese Welle auf eine Gesellschaft, die gegenüber Drogen völlig naiv war.«

Haschisch und Marihuana besorgten die Dealer aus Marokko, Heroin und Kokain führten südamerikanische Kartelle über die Häfen ein. In Portugal habe die Besonderheit darin bestanden, erzählt der SICAD-Direktor, dass der Konsum sich gleichmäßig ausbreitete, in Großstädten wie in Provinzkaffs, quer durch alle sozialen Schichten. »Wenn nur Leute vom Rand der Gesellschaft betroffen gewesen wären, dann hätten wir kaum genügend Unterstützung für unsere Reform bekommen. Das ging nur, weil auch Eltern in den besseren Vierteln sagten: ›Unser Sohn ist drogensüchtig, aber er ist kein Krimineller, er ist ein guter Junge.‹«

Vor der Entkriminalisierung kämpften die politischen Lager in dieser Frage zwar heftig gegeneinander, aber nachdem die Freigabe im Jahr 2000 entschieden war, wehrten sich auch die Konservativen nicht mehr gegen das Legalisierungsgesetz. Eine große lagerübergreifende Mehrheit der Portugiesen hielt es für eine gute Idee, bei dieser Politik zu bleiben. Seit der Entkriminalisierung wechselte die Regierung einige Male von weit links bis konservativ, aber jeder Premierminister ließ das Gesetz in Kraft.

»Wo sehen Sie sich eigentlich politisch? Eher links, eher konservativ?«

Goulão grinst ein wenig.

»Ich bin Mitglied der Kommunistischen Partei.«

»Dann sind Sie der bürgerlichste Kommunist, den ich je gesehen habe.«

(Aus dem Osteuropa vor dem Mauerfall kannte ich durchaus gescheitelte beschlipste Mitglieder der Partei, Hemden, Krawatten und Frisuren sahen dort aber grundsätzlich anders aus, vom Urteil über Rauschgifte ganz zu schweigen.)

»Ach, wissen Sie, so bürgerlich bin ich gar nicht. Meine Mutter kam aus dem Adel, daher das Castel-Branco in meinem Namen. Mein Vater war Ingenieur. Das Ziel der Kommunisten ist hier übrigens nicht die Errichtung eines kommunistischen Staates.«

Das, sage ich, käme mir sympathisch vor.

»Ich glaube sogar, es war ganz gut, dass ich zu keiner der beiden großen Parteien gehöre. Wie gesagt, die Regierung hat mehrmals gewechselt, und offenbar haben die Minister jedes Mal gesagt: der Goulão ist zwar Kommunist, aber er macht eine ordentliche Arbeit. Also lassen wir den in Ruhe.«

Er steht auf und geht zu einem Schrank an der Längsseite seines Büros, auf dem kleine gerahmte Fotos stehen. Goulão mit dem früheren portugiesischen Ministerpräsidenten und heutigen UN-Generalsekretär António Guterres, mit dem Virgin-Chef Richard Branson, mit Papst Franziskus.

»Sie hatten eine Audienz beim Papst? Sind Sie katholisch?«

»Nein, Agnostiker. Ich war eingeladen, weil er etwas über unsere Entkriminalisierungspolitik hören wollte.«

»Und was hat er dazu gesagt?«

»Er hat zugehört. Er war sehr interessiert.«

Spätestens hier drängt sich der Gedanke auf, dass Direktor João Castel-Branco Goulão von seinem 40-Quadratmeter-Büro aus eine Art weltweite Drogenrevolution vorantreibt.

»Haben Sie die Regierung in Uruguay beraten, die jetzt gerade Marihuana freigibt?«

»Ja, es waren Experten aus Uruguay hier. Morgen kommen übrigens der Justiz- und der Innenminister aus Kanada.«

»Zu Ihnen?«

»Zu meinem Minister und dann zu mir. Aber wir verkaufen kein Modell. Wir teilen unsere Erfahrungen.«

Der Revolutionär nimmt sein Jackett von der Sessellehne. Er muss zu seinem Chef.

»Rauchen Sie eigentlich ab und zu einen Joint?«

»Nein, niemals.«

Der adlige Kommunist aus Lissabon gehört zu keinem Netzwerk, das gerade den globalen Begriff der Droge neu definieren würde, und das aus einem einfachen Grund: Es gibt kein Netzwerk. Zwischen Goulão und dem Amerikaner

Paul Austin, dem Gründer des einflussreichen *Third Wave Movement* – einer Avantgardebewegung für einen bewussteren Umgang mit narkotischen Substanzen – existieren Berührungspunkte, aber keine Verbindungsstränge. Genauso wenig wie zu dem israelischen Mediziner Raphael Mechoulam, der schon in den 60er Jahren als Erster den medizinischen Nutzen von Cannabinoiden nachwies und damit nicht nur einen neuen Wissenszweig etablierte, sondern auch den alten Begriff der nützlichen Rauschmittel neu in Umlauf brachte. Es gibt keine feste Allianz zwischen Entkriminalisierungspolitikern in Portugal, Uruguay und Kanada und Annie Machons *Law Enforcement Against Prohibition*. Es besteht kein explizites Bündnis zwischen Investoren des riesigen legalen Marihuanamarktes und dem britischen Psychiater David Nutt, der eine neue Rangfolge der potentiellen Schädlichkeit von Drogen zusammenstellte (Alkohol ganz an der Spitze, danach Heroin und Crack, MDMA und Speed sehr weit unten, Cannabis im unteren Fünftel).

Alle folgen ihren eigenen Modellen, Vorstellungen und Interessen. Aber die wirken wie Vektoren, die von ihrem Punkt aus grob in ein und dieselbe Richtung zeigen. So, wie seit den 20er Jahren innerhalb kurzer Zeit medizinische Mittel und Stimulanzien, Heroin, Kokain, Methamphetamin und andere Amphetamine von immer mehr Staaten zu illegalen Substanzen erklärt wurden, später auch LSD, scheint die Welt seit etwa 2000 in die entgegengesetzte Richtung zu driften. Die ehemals bösen Geister verwandeln sich wieder zurück in Medizin. Nicht nur Cannabis, sondern auch Speed, LSD, Morphium. Jedenfalls arbeiten Ärzte, Forscher, Unternehmer und verschiedene Aktivisten daran, dass die Rückverwandlung gelingt. Alles, was die Legalisierer über eine

Zukunft nach ihren Vorstellungen sagen, klingt nach Verheißung – was naheliegt, wenn intelligente und teils charismatische Leute vor der Folie eines gescheiterten Drogenkrieges die Idee des Drogenfriedens entwerfen.

Den Entkriminalisierungsanwälten geht es prinzipiell nicht anders als den Kriminalisierungspolitikern, die von 1920 an eine Substanz nach der anderen Verbotsgesetzen unterwarfen und Händler wie Konsumenten in den Untergrund drängten. Wahrscheinlich stand ihnen damals eine verbesserte Welt vor Augen, eine ausgenüchterte Gesellschaft ohne die Unfreiheit der Sucht. Und höchstwahrscheinlich sahen sie nicht voraus, was dann folgte, nämlich die Bildung von Kokainkartellen, das stumpfe Gemetzel der südamerikanischer Drogenkriege, die Überflutung ganzer Gesellschaften mit schmutzigen, gepanschten lebensgefährlichen Chemikalien, die sich selbst mit härtester staatlicher Gewalt kaum bekämpfen lässt.

Der entscheidende Punkt besteht darin, dass die Reise nicht einfach wieder zurück in das Jahr 1919 geht, als es Heroin, Metamphetamin und vieles andere in der Apotheke gab.

Die Zukunft von entkriminalisierten, intelligent gehandhabten Substanzen zeigt sich jetzt schon skizzenhaft im Silicon Valley, wo viele der Techies sich mit LSD und MDMA konditionieren, und wo Wissenschaftler gleichzeitig an der Mensch/Maschine-Schnittstelle und an der digitalen Kartierung des menschlichen Gehirns arbeiten. Ein paar Pioniere experimentieren unter dem Arbeitsnamen Biohacking beziehungsweise Bodyhacking mit der Kombination von beidem. Niemand weiß, in welche Gesellschaft der Verbesserungsversuch an den eigenen Synapsen führt. »Ein Kubikzentimeter heilt zehn finstere Empfindungen«, heißt es in Aldous Huxleys 1932 erschienenem Roman *Brave New World* über das fiktive Universalnarkotikum Soma. Das Wort »heilen« funkelt in aller Ambivalenz, wenn es um das menschliche Gehirn und um nicht unbedingt krankhafte Funktionen geht, die demnächst möglicherweise ganz unfiktiv modelliert oder ausgesondert werden könnten. Soma, das Wort erwähnt auch William S. Burroughs in *Naked Lunch* als Name der sagenhaften perfekten Droge, eine blaue Substanz, die glücklich macht, aber nicht süchtig.

Was folgt für die Gesellschaft, wenn eine Führungsschicht durch Narkotika und Elektronik einen derart leistungsfähigen und von störenden Empfindungen freigeräumten Zustand erreicht, dass sie sich in ihren Möglichkeiten von dem großen Rest so absetzt wie heute Laptop- und Internetnutzer von Analphabeten?

Alles ist offen. Möglicherweise irren sich die Entkriminalisierer von heute weniger als die Prohibitionisten vor gut 100 Jahren. Möglicherweise entsteht aus den legalisierten, gereinigten Substanzen und einer ständig verbesserten IT in zwei Jahrzehnten aber auch ein chemisch-elektronischer Komplex, den heute durch den futuristischen Nebel hindurch noch niemand erkennt. Und in zwei Generationen schlagen sich Autoren die Stirn an der Frage blutig, wie ihre Vorgänger von den Krisen und Nebenwirkungen so wenig hatten ahnen können.

In allen Ländern, die Drogen nicht mehr generell unterdrücken, existiert kein völlig freier Markt, sondern ein Zwischenreich. Der wirkliche Zustand ergibt sich immer aus den Paragraphen und dem, was sich Händler und Konsumenten unter den Augen der Polizei nach Maßgabe der Politik tatsächlich erlauben dürfen. Unbegrenzte Freiheit lässt offiziell schon deshalb keine Regierung zu, weil fast alle Staaten der im Jahr 1961 etablierten und seitdem mehrmals bekräftigten UN-Vorgabe folgen, grundsätzlich den Handel mit als illegal gelisteten Substanzen zu verhindern. Der frühere Direktor des *United Nations Office on Drugs and Crime* (UNDOC), Antonio Maria Costa, hatte sehr lange und zäh das Ziel einer drogenfreien Welt verteidigt. Auf einer Veranstaltung von Drogenliberalisierern nannte er sich 2012 halb im Scherz einen »Drogenkontroll-Taliban«. Immerhin ließen die Vereinten Nationen nach langer Diskussion das Ziel einer drogenfreien Welt stillschweigend fallen. Heute existieren die Vorgaben der UNDOC nur noch als formale Verpflichtung, die eine Regierung immer noch wortwörtlich nehmen, die sie aber auch genauso gut unterlaufen kann.

Grundsätzlich betrachten Gerichte in Portugal Drogen nach wie vor als illegal. Die Polizei verfolgt sowohl Schmuggler als auch Dealer. Sie erlaubt oder duldet nach den Vorgaben allerdings Substanzen für den Privatgebrauch, die ungefähr einer Portion für zehn Tage entsprechen, ein Gramm Kokain, Heroin, LSD, Exstasy. Wen die Polizei mit einer größeren Menge erwischt -und es gibt nach wie vor Kontrollen-, der gilt nach der gesetzlichen Definition als Dealer. Ihn erwartet ein Strafverfahren. Erwischen die Beamten Jugendliche mit den entsprechenden Substanzen, dann erhalten die Ertappten die Vorladung zu einer eigens für sie eingerichteten Behörde, die sie registriert, ihnen einen Vortrag über die Schädlichkeit von Rauschmitteln hält, sie zu einer Therapie schickt und im Wiederholungsfall zu einem Arbeitseinsatz für das Gemeinwohl verpflichtet.

Tschechien bewegt sich als zweiter drogenpolitisch freizügiger Staat Europas in eine ähnliche Richtung. Anders als in Portugal behalten sich die Behörden aber generell noch Strafen vor. Besitzer kleinerer Mengen kommen mit einer Geldbuße wegen Ordnungswidrigkeit davon, aber sie müssen keine Ermittlungen der Staatsanwaltschaft fürchten, solange sie weniger als 1,5 Gramm Crystal Meth besitzen (die bei mäßigem Konsum immerhin für zwei Wochen tägliches Schniefen reichen), die Grenze für Heroin liegt bei eineinhalb, die für Kokain bei einem Gramm. Marihuanaraucher bleiben bis zehn Gramm für den Eigenbedarf unbehelligt von der Justiz, 40 psilocybinhaltige Pilze liegen auch noch im Limit.

In Uruguay wiederum übernimmt der Staat selbst den Anbau von Marihuana, das Apotheker verkaufen, und zwar nicht nur Patienten, bei denen medizinisches Cannabis die Symptome verbessern könnte, sondern an alle, vorausgesetzt, sie sind uruguayische Bürger. Mit dem staatlichen Monopol will die Regierung Werbung und Discountpreise verhindern, mit der nationalen Beschränkung den Kiffertourismus.

Etwa seit dem Jahr 2000 vollzog sich der öffentliche Durchbruch des medizinisch genutzten Cannabis in einem Land nach dem anderen. Damit bildete sich ein eigener Entwicklungsstrang in der jüngeren Drogengeschichte hin zur legalen Regulierung des Konsums. Der schon erwähnte Forscher Raphael Mechoulam, 1930 in Bulgarien geboren, 1949 mit seinen Eltern nach Israel eingewandert, legte ab 1970 in seinen Studien nahe, dass Cannabidiol – ein wichtiger Bestandteil von *Cannabis sativa* – bei Epilepsie hilft, aber auch bei Asthma, Morbus Crohn, Krebsmetastasen und eine Reihe anderer Krankheiten. Im Jahr 1995 verabreichte er den Hauptbestandteil Tetrahydrocannabinol, kurz THC, experimentell an krebskranke Kinder. Es stellte sich schnell heraus, dass die Substanz die üblichen Nebenwirkungen der Chemotherapie stark unterdrückt, bei Kindern ebenso wie bei Erwachsenen. Mit jedem Laborerfolg, mit jedem erfolgreichen Versuch bekam das ethische Argument ein größeres Gewicht. Welchen Grund sollte es geben, Schwerkranken ein Heilmittel zu verweigern?

Übrigens sagte Mechoulam 2017 der israelischen Journalistin Agnes Fazekas, er selbst habe sich nie einen Joint gedreht. »Ich habe nie geraucht und trinke kaum mal ein Glas Wein.«

In neun US-Bundesstaaten und Washington D. C. herrscht heute ein gesetzlich geregelter Cannabis-Markt, den amerikanische und kanadische Unternehmen bewirtschaften, in weiteren 20 Staaten darf das Hanfprodukt als Medikament vertrieben werden. Das geschieht unterhalb der Zentralregierungsebene, also in dem typischen Zwischenzustand zwischen Verbot und voller Legalisierung. Denn die US-Regierung gehört zu den Unterzeichnern der UNO-Konvention, nicht aber Colorado. Der amerikanische Präsident könnte den freien Cannabishandel mit einer Unterschrift beenden, tut es aber nicht, weil eine Mehrheit in den USA die heutige Praxis gutheißt.

Schon wegen der Größe von Gebiet und Bevölkerung bieten die vereinigten Cannabisstaaten ganz andere geschäftliche Aussichten als kleine europäische Länder. Nach Schätzungen von Ökonomen setzt die nordamerikanische Cannabiswirtschaft etwa 20 Milliarden Dollar pro Jahr in einem fein ausdifferenzierten Wertschöpfungsgeflecht um.

Rund um reine Anbauunternehmen wie Canopy Growth und Aurora Cannabis aus Kanada und etliche Vertriebsfirmen für cannabishaltige Schmerz- und sonstige Therapiemittel gibt es angeschlossene Dienstleister, beispielsweise Green Life Clinics, eine Firma, die sich mit dem Aufbau einer Datenbank von Cannabisinteressenten befasst, da die eigentlichen Hersteller Kunden nicht direkt ansprechen dürfen. Das Geschäftsmodell erinnert ein bisschen an den Romanhelden Doc Sportello in Thomas Pynchons Roman *Inherent Vice* von 2009, in dem der Held Doc Sportello für ein angebliches Vitaminunternehmen die Abteilung LSD leitet, Location, Surveillance, Detection.

Um die Großunternehmen breitet sich ein weiterer Ring von kleinen aus, Cannabisfachgeschäfte, Versandhandelsfirmen und Medien wie *CannabisNow* aus Berkeley, eine Zweimonatshochglanzpublikation, die sich allen Möglichkeiten widmet, THC zu sich zu nehmen, beispielsweise durch hausgemachtes Cannabisöl zum Kochen und Cannabisbutter zum Backen (verbunden mit dem Hinweis, dass die Kombination von Fett und Marihuana die Aufnahme von Cannabinoiden im Verdauungstrakt begünstigt). Für praktisch alles, vom Braten bis zu Plätzchen, existieren Cannabisrezepte; die neue Alltagskultur lässt sich also ohne jedes Problem mit einer Norman-Rockwell-Welt verbinden.

Wer sich die nötigen Mittel für eine Indoorplantage, Cannabisbutter oder andere Zwecke verdienen möchte, der sollte noch vor der unvermeidlichen Marktübersättigung in Aktien des *Solactive's North America Medical Marijuana Index* investieren, der die wichtigsten börsennotierten Firmen der Branche zusammenfasst. Kurzum, in dem Wirtschaftszweig herrscht ähnlich gute Stimmung wie in der kalifornischen

IT-Branche der frühen Achtziger, als die Pionierunternehmen nach ihrer Kleinkrämerphase endlich ernsthaft Geld verdienten.

Nur die absoluten Prohibitionsstaaten gleichen einander. Jedes aus Sicht von Drogenkonsumenten sanftere Land scheint dagegen auf seine Weise nachgiebig zu sein.

Für das Land mit der größten Drogenfreiheit Europas geht es in Lissabon erstaunlich nüchtern zu. Anders als in Amsterdam innerhalb des Grachtengürtels liegt kein süßer Grasgeruch in den Straßen. Es gibt keine Fachgeschäfte für Kifferbedarf wie in Colorado und Kalifornien, keine Cannabismagazine und Zuchtfirmen. Nur fliegende Händler unten am Praça do Comércio, dort, wo sich die Stadt zum Tejo öffnet. Bei diesen Verkäufern, das sagte João Goulão und schärfte mir wie jeder andere ein, den ich danach fragte, könne man allen möglichen Touristenschrott kaufen, gepresste Harzklumpen oder wiederverschließbare Tütchen mit gemahlenem Zucker, aber keinesfalls Drogen.

»Wo kaufen die Leute dann ihren Stoff?«

Goulão vermutet, dass echte Händler einen Lieferservice bis zur Wohnungstür betreiben, ähnlich wie Pizzaboten.

Und wo konsumieren die Leute? Ich verabrede mich mit einem Journalisten, der Lissabon bestens kennt, er schlägt die Terrasse am Ende des Largo da Graça vor, um etwas zu trinken. Dort, meint er, würden sich auch ab und zu Haschraucher einfinden. Unten liegt die Stadt, die zentralen Plätze weiß erleuchtet vor der Fläche des wolkenfreien Nachthimmels. Das Panorama wirkt wie spiegelverkehrt, die Brücke des 25. Aprils liegt links, obwohl mein Instinkt sagt, sie müsste rechts im Bild stehen.

Früher, vor der Lockerungspolitik, sagt Jorge, habe er ab und zu gekifft. Jetzt schon länger nicht mehr, für ihn habe das einfach zum Jungsein gehört. Nach seinen Informationen käme Haschisch *en gros* wie zu früheren Zeiten meist aus Marokko. Der Einzelvertrieb funktioniere über Händler, die den Stoff, hauptsächlich Cannabis, direkt zu den Verbrauchern liefern würden. »Was sie dir da unten am Praça do Comércio anbieten, das kannst du vergessen. Das ist nur für Stadtfremde.«

Aus seiner Sicht erzählt er die gleiche Geschichte wie Goulão. Bis in die 80er Jahre habe es kein besonders schlimmes Rauschmittelproblem in Portugal gegeben. »Dann kam das Heroin.« Die Entkriminalisierung sei richtig gewesen. Er kenne keinen, sagt er, der sie heute für einen Fehler halten würde.

Als er sich verabschiedet, mache ich einen Rundgang auf der Terrasse. Nach zwei Minuten nehme ich eine Witterung an einem Tisch auf, an dem drei Frauen beim Weißwein sitzen und Haschisch rauchen.

Ob ich eine Frage stellen könne?

Nein, sagt eine, auf gar keinen Fall. Allgemeine Heiterkeit. Sie komplimentieren mich auf den vierten Stuhl am Tisch. Eine reicht mir die Selbstgedrehte. Sie schmeckt gut.

»Wo kann man das kaufen?«

Ein Missverständnis bahnt sich an. Wahrscheinlich, weil Wein und THC in der Damenrunde schon wirken. Die Frauen glauben mir jedenfalls nicht, dass ich als Erforscher der lokalen Drogenökonomie unterwegs bin. Sie halten mich für einen Schnorrer. Nach zwei, drei Zügen habe ich auch kein Bedürfnis mehr, die Situation schleunigst aufzuklären. Eine studienabträgliche diffuse Aura bildet sich, während die Lichter unten so klare Grenzen bekommen, dass ich die einzelnen weißen Punkte auf den Stahlträgern der Brücke zählen könnte.

Wahrscheinlich muss ich es auf andere Weise versuchen. Ich erwähne mein Buch und meinen Besuch bei João Goulão.

»Er war der Arzt meines Bruders, er hat ihn in Faro behandelt, als er ein Drogenproblem hatte«, sagt Anna, eine langhaarige Mittdreißigerin.

»Ein Problem mit Cannabis?«

»Mit Heroin.«

Er sei ein guter Arzt gewesen. Und natürlich, die Entkriminalisierung funktioniere gut. Das würde die Mehrheit der Portugiesen so sehen.

Und wo bekommt man den Rauchstoff? Ich versichere mehrmals, wie gut er doch ist.

»Den kauft man in der Nachbarschaft.« Aber nur in kleinen Packungen. Das funktioniere völlig reibungslos.

»Ist ja nicht wirklich nicht legal. Bloß toleriert.«

Noch ein paar Züge, was immer komisch aussieht, wenn ein untrainierter Raucher wie ich zieht. Eine von ihnen legt ein kleines duftendes Bröckchen vor mich hin, außerdem Papierchen und ein bisschen Tabak.

Meinen Fünfeuroschein weist sie zurück. Das käme gar nicht in die Tüte.

Die drei Grazien wünschen noch viel Spaß, als sie aufbrechen.

Unbedingt muss noch geklärt werden, was die Jungs dort unten am Flussufer verkaufen und wie sie damit Geld verdienen, denn noch nie habe ich bisher auf meinen Streifzügen jemanden gesehen, der wegen ihrer »Haschhasch«-

und »Cocaiiin«-Rufe auch nur stehengeblieben wäre. Am nächsten Nachmittag also zum Praça do Comércio. Es genügt ein ganz kurzer Blickkontakt, einer der Jungen (es sind immer junge Männer, immer in Zweier- und Dreiergruppen) hält mir einen in Folie gewickelten braunen Klumpen von etwa 300 Gramm unter die Nase. Folie auf, bitteschön, mal riechen.

»Ich rieche nichts.« Worauf der Junge, dessen rechtes Auge aufgrund eines Tics ständig zwinkert, sein Feuerzeug nimmt und den Brocken leicht ankokelt. Der bekannte Duft steigt auf.

»So viel ungefähr.« Ich zeige ein Stück, ungefähr so groß wie mein kleiner Finger, nur um zu erfahren, dass die kleinste Abgabemenge doppelt so groß ist und 10 Euro kostet. Also gut.

Kaum löse ich mich von den beiden, läuft mir jemand schnell hinterher, er schließt nach ein paar Sekunden auf und bewegt sich dann links neben mir auf meiner Höhe. Ein Mann um die Mitte 20 mit Backpfeifengesicht und stämmiger Statur. Im Gehen redet er leise zischelnd auf mich ein, sein Englisch klingt so, als würde jemand mit dem Spaten Holz hacken. Ich verstehe erst nach seinem dritten Anlauf, was er ungefähr von mir will. Geld, das ist klar, und zwar dafür, dass er nicht die Polizei anruft, die dann unweigerlich das Bröckchen in meiner Tasche finden würde. Touristen wie ich würden meinen, es sei legal, Drogen zu kaufen. Es sei aber verboten. Il-li-gal! Mit anderen Worten, bei dem jungen Mann handelt es sich um einen Putzerfisch am Rand dieses Pseudodrogenmarktes, der von den paar verirrten Kunden noch einen Euroschein abgreifen will. Er hält ein winziges Klappmobiltelefon im Anschlag. Jetzt werde er mich fotografieren und das Bild ruckzuck der Polizei schicken. Ich bleibe stehen, damit er eine bessere Aufnahme bekommt. An diesem Punkt gibt er auf. Handgreiflich kann er nicht werden. Am Ufer stehen tatsächlich Polizisten.

Merkwürdigerweise bleibt in Ländern mit einem entkriminalisierten Drogenmarkt offenbar die alte Pusherszene zurück wie ein ausgetrocknetes Flussbett, während Geld und Stoff längst woanders zirkulieren. Um den Praça do Comércio stehen schätzungsweise 20 dieser Pseudohändler. Selbst wenn jede Stunde fünf Reisende meiner Sorte kommen, ergibt das einen miserablen Schnitt, auch wenn sie Zucker statt Kokain und Harz statt Haschisch verkaufen. Das ist zumindest bei meinem Brocken der Fall. Bricht man ihn auf, dann kommt unter der Kruste etwas Grünliches zum Vorschein. Im Quartier versuche ich die Substanz zu rauchen, die erhitzt sehr leicht nach Hasch riecht, aber völlig wirkungslos bleibt. Mir wird nicht einmal schlecht davon.

Lissabons Zentrum gehört wahrscheinlich zu den wenigen nahezu drogenfreien Zonen europäischer Großstädte.

MIKROSUBSTANZEN

Es ist absurd, Menschen in gut und schlecht zu unterteilen.
Leute sind entweder charmant oder lästig.
OSCAR WILDE

Zwei Ideen treiben seit etwa 20 Jahren die neue Drogenpolitik voran: Zum einen Raphael Mechoulams Entdeckung der medizinischen Möglichkeiten von Cannabis, bis heute in Hunderten Experimenten und Studien verfeinert. Zweitens die Einsicht wie im Portugal des Jahres 2000, dass sich eine Opioidepidemie nicht polizeilich eindämmen lässt. Seit einigen Jahren kommt noch ein dritter Gedanke dazu: Benutzen Drogenuser vor allem ihre synthetischen Substanzen möglicherweise seit Jahrzehnten falsch? Ist das Problem, wenn denn eines existiert, also vor allem eine Frage des Gebrauchs?

Diese Botschaft verbreiten einige Ärzte in den USA und der Schweiz.

Und Paul Austin aus Brooklyn, New York.

»Hi, ich bin Paul«, sagt Paul. Er trägt knöchelhohe Stiefel, dunkle Jeans, ein schwarzes T-Shirt. Um das linke Handgelenk ein dünnes Lederbändchen. Sein Gang durch die Lobby des Frankfurter Hotels erinnert an die Auftritte junger Männermodels, alle Bewegungen finden nahe an der Körperachse statt. Er lächelt auf eine sehr energetische Weise. Da er einen kurzen blonden Bart trägt, sieht er ungefähr so alt aus, wie er tatsächlich ist, nämlich 27. Sein Gesicht ist faltenlos.

Auf dem Weg in sein Hotelzimmer erzählt er, dass er zu den Sprechern der *Me Convention* gehört, einer Veranstaltung von Mercedes Benz, in der es um weltweite Zukunftstrends geht.

»Du sprichst vor diesen Managern über Drogen?«

»Ja. Morgen Vormittag. Bin ziemlich gespannt.«

Im Jahr 2015 gründete Austin das *Third Wave Movement*, dessen Botschaft, kurz zusammengefasst, folgendermaßen lautet: Es gibt seiner Meinung nach drei universelle Stadien in der Drogengeschichte. Erstens die traditionelle Nutzung von Rauschmitteln in fast allen Kulturen, beispielsweise von Kat, Meskalin und Haschisch. Zweitens der exzessive Konsum dieser und anderer Substanzen in der Gegenkultur der 60er- und 70er Jahre. Und schließlich – heute – der kluge, weil nicht mehr ruinöse Umgang mit Drogen aller Art.

Die Technik, für die Pauls Organisation wirbt – darauf beschränkt sich das *Third Wave Movement* nicht, aber es gehört zu seinen zentralen Ideen – nennt sich »Microdosing«. Konsumenten minimieren dabei die Menge an Methylenedioxymethamphetamin kurz MDMA, besser bekannt als Ecstasy, LSD oder Psilocybin, den Wirkstoff der Zauberpilze. Das Ergebnis verhält sich dann zur üblichen Partydosis wie zwei, drei gepflegte Gläser Weißwein zu einer Flasche Gin am Abend.

»Wie mikro ist nach deiner Definition eine Mikrodosis?«

»Etwa ein Zehntel der normalen Rauschdosis. Also je nach

Substanz 0,1 bis 0,4 Gramm«, sagt Paul, als wir an einem Tischchen mit Glasplatte in seinem Zimmer sitzen. »Das ist nicht so viel, dass es zu visuellen Veränderungen bei dir kommt. Aber es stellt sich eine Wirkung im Gehirn ein.«

»Praktizierst du das selbst?«

»Ja, mit LSD. Allerdings nicht immer, sondern mit Pausen. Jetzt mache ich gerade eine Pause von ein paar Wochen.«

»Was bewirkt das bei dir?«

»Ich fühle mich besser und konzentrierter.«

Wir trinken grünen Tee, den ich auf dem Weg zu ihm am Römer gekauft habe.

»Das ist auch eine Droge«, sagt er.

Hinter ihm hängt ein Bild von Hartwig Ebersbach, breite pastose Farbstreifen auf hellem Grund, hauptsächlich in Gelb, Rot und Grün. Es trägt den Titel »Sonnenseite«, in der Mitte der Leinwand (und über Pauls Kopf) leuchtet ein nicht ganz gleichmäßiger goldgelber Ring mit weißem Zentrum.

Seine ersten Drogenerfahrungen machte Paul als Teenager mit LSD in einer Kleinstadt in Michigan, damals mit normalen Timothy-Leary-Gedächtnisportionen. Sein Heimatort, sagt er, sei sehr konservativ gewesen, es lag also eine gewisse Distinktion darin, dort einen Stoff zu sich zu nehmen, der damals nicht mehr nur zur Geschichte des *Summer of Love* gehörte, sondern zur Gegenwart der kalifornischen IT-Branche. Steve Jobs hatte mehrmals davon gesprochen, dass ihm einige seine wichtigsten Einsichten auf LSD gekommen waren.

Das überlieferte Zitat des Apple-Gründers klingt allerdings etwas aseptisch, als wäre es von der Unternehmenspresseabteilung verfasst worden.

»LSD zu nehmen war eine tiefe Erfahrung, eines der wich-

tigsten Dinge in meinem Leben. LSD zeigt dir, dass es eine
andere Seite der Münze gibt. Du kannst dich nicht erinnern,
wenn es wieder abebbt, aber du weißt es. Es hat meinen Sinn
dafür wieder verstärkt, was wichtig ist – große Dinge zu
schaffen statt Geld zu verdienen. Dinge wieder zurück in
den Strom der Geschichte und des menschlichen Bewusstsein zu bringen, soweit ich das konnte.«

Daniel Kottke, Jobs Jugendfreund in den Siebzigern, beschreibt sein LSD-Erlebnis mit Jobs sehr viel zurückhal-
tender als Experiment junger Leute ohne große Folgen für
die Unternehmerkarriere des wichtigsten IT-Pioniers im
20. Jahrhundert. »Wir haben nicht viel geredet«, erzählte
Kottke in einem CNN-Interview. »Wir waren mehr in einem
meditativen Raum.« Das habe sich nach 1976 geändert: »Als
Apple anfing, konzentrierte Steve alle Energie darauf, Apple
erfolgreich zu machen. Dafür brauchte er keine psychedelischen Substanzen.« Möglicherweise nahm Jobs später doch
ab und zu etwas. Kottke war später nicht so eng mit ihm be-
freundet, dass er es hätte wissen müssen. Es gibt allerdings
Gründe, warum gerade LSD in einer besonderen Beziehung
zur Computertechnologie steht.

Die schon erwähnten Wissenschaftler am *Imperial Col-
lege of London* unter Leitung von David Nutt sahen 2016 in
den Hirnscans von 20 Probanden unter LDS, wie sich die un-
terschiedlichen Hirnregionen einschließlich des visuellen
Cortex zusammenschalteten. Ab einem bestimmten Punkt
verliert das Ich-Zentrum vorübergehend seine Kontrolle,
die einzelnen Areale arbeiten in einem Netzwerk zusammen, kurz, die biologische Masse bekommt etwas Rechner-
artiges. Genau diese Wirkung kam möglicherweise Steve
Jobs entgegen, so, wie sie heute grundsätzlich vielen IT-Leu-

ten in Kalifornien und anderswo bei der Arbeit hilft. Zu dem Punkt, an den die Hierarchie im Kopf sich ändert, versichert Paul, müsste es gar nicht kommen. Schon in der Stufe vorher könnten Regionen im Gehirn wesentlich geschmeidiger zusammenarbeiten als im gewissermaßen trockenen Zustand.

Nach seinem Studium gründete Paul Austin ein Unternehmen, das Kandidaten für den TOEFL – den *Test Of English As A Foreign Language* – online trainierte. Je mehr er selbst über den Umgang mit Mikrodosen lernte, desto bedeutender schien ihm dieses Thema. Manche verwenden für ihr Microdosing MDMA, er blieb bei LSD. Sobald es ihm die finanziellen Verhältnisse erlaubten, trennte er sich von seiner Gründung, um *Third Wave Movement* zu starten, halb politische Bewegung, halb Firma. Seine Selbstdefinition lautet *Social Entrepeneur*: »Wir geben Online-Kurse zum Thema Drogen und Microdosing. Der Punkt ist, dass das Wissen darüber in der Öffentlichkeit immer noch sehr gering ist. Ungefähr 1000 Leute stehen in unserer Mail-Liste, uns folgen 250 000 über Social-Media-Kanäle, auf unsere Webseite schauen 200 000 pro Monat.« *Third Wave Movement* beschäftigt fünf Angestellte und sechs bis sieben Teilzeitkräfte.

»Woher kommt euer Geld?«

»Die Online-Kurse werden bezahlt. Wir haben zwar keine Investoren, um unsere Unabhängigkeit zu erhalten. Aber wir werben Spenden ein.«

Der eigentliche Wert des Unternehmens *Third Wave Movement* liegt in Paul selbst. Ohne ihn könnte es nicht weiter existieren. Ein besseres Rollenmodell für die neue und bessere Drogenwelt ließe sich wahrscheinlich nicht finden. Er spricht melodisch, sehr präzise, aber nicht überartikuliert.

Beim Reden lächelt er fast immer leicht, zumindest zeigt er seine gut geformten Zähne. Wenn er etwas betont, eine Pointe setzt und/oder eine längere Darlegung abschließt, schaut er sehr direkt in die Augen seines Gesprächspartners, ohne dabei je aggressiv zu wirken. Wer sich hartnäckig verschließt, den wird er vermutlich nicht von der Wohltat des Microdosing überzeugen. Die meisten anderen schon.

»Was versprechen sich die Techies im Silicon Valley von Mikrodosen? Geht es nicht vor allem darum, möglichst lange am Stück arbeiten zu können?«

»Es gibt dort sicherlich junge Leute, die sich extrem mit ihrem Unternehmen identifizieren. Aber wenn sie auf die 30 zugehen, findet ein Wandel statt. Sie interessieren sich nicht mehr so stark für finanzielle Dinge, sondern eher dafür, in ihrer Arbeit einen Flow zu erreichen.«

»Schau mich an«, dieser Flirt liegt unter allen seinen Sätzen, wenn er über die IT-Arbeiter spricht. Um diesen Flowzustand zu erreichen, sei LSD in Mikrodosen sinnvoll. Psilocybin, der Wirkstoff von *Magic Mushrooms*, würde dagegen helfen, den Kontakt mit der eigenen Umgebung nicht zu verlieren. Oder, falls verloren, wieder herzustellen.

Klingt nach einem Therapieprogramm für Figuren aus David Eggers Roman *The Circle*, in dem ein Softwareunternehmen seine Mitarbeiter in eine Art Kokon einspinnt, der es erlaubt, sie allmählich zu verflüssigen und auszusaugen.

Aber geht es bei der Einnahme von Substanzen aus Berufsgründen wirklich nicht in erster und auch noch zweiter und dritter Linie um Effizienz?

In der Schweiz hatte gerade ein Bundesgesetz das Parlament passiert, in dem eine Wochenarbeitszeit von 60 Stunden legalisiert wurde. Ich nenne ihm den Fall des Deutschen Moritz Eckardt, eines Praktikanten bei der Bank of America Merrill Lynch in London, der 2013 mit 21 Jahren nach vielen 15-Stunden-Tagen tot zusammenbrach. Andere junge Banker hatten sich damals in den Netzwerken gemeldet und den *Magic Turnaround* beschrieben, die Praxis, sich morgens gegen sechs nach einer Schicht mit dem Taxi nach Hause fahren zu lassen, und, während der Fahrer unten wartet, zu duschen, ein neues Hemd und einen neuen Anzug anzuziehen, und wieder ins Büro zu fahren. Wer steht das selbst mit Anfang 20 ohne Hilfsmittel durch?

Nach einer Untersuchung des *European Monitoring Centre for Drugs and Drug Addiction* (EMCDDA), das jährlich das Abwasser von Großstädten nach Resten von Rauschmitteln durchsuchen lässt, verbrauchen Kokainkonsumenten in London während der Woche mehr Stoff als an den Wochenenden. Zwar liegt der beliebteste Partyplatz europäischer Jugendlicher beim Kokainverbrauch mittlerweile ganz vorn – Barcelona –, dann folgen allerdings auf den nächsten Plätzen ausgesprochen nüchterne und teure Arbeitsstädte: Antwerpen, Zürich, St. Gallen, Genf, Basel, Bern.

Paul nickt, es freut ihn, dass sein Gesprächspartner sich so eingehend mit dem Problem beschäftigt. Kokain, sagt er, sei etwas ganz anders. Ein reiner Treibstoff, nichts, was einen auch nur im Mindesten spirituell machen könnte.

Bei IT-Großunternehmen wie Google wüssten Manager schon, dass Dauerarbeit die Leute ruiniert. Sie würden inzwischen die Wichtigkeit des Urlaubs betonen. Für das reine Wachhalten wären LSD, MDMA und *Magic Mushrooms* sowieso kaum geeignet.

Da er selbst die Nähe zwischen seiner Organisation und den Mikrodosern in der IT-Industrie sieht, möchte ich von ihm wissen, ob ihn auch Biohacking interessiert.

»Nichts besonders. Da geht es vor allem darum, die Effizienz einzelner Körperfunktionen so zu steigern, dass es sich messen lässt.« Das sei nicht das Ziel von *Third Wave Movement*.

Was dann?

»Uns geht es darum, erst einmal zu informieren. Das Wissen über Microdosing ist immer noch sehr gering.« Und natürlich, sagt er, sollten Substanzen wie LSD und MDMA irgendwann wieder in die Legalität hineingleiten. Die Aussichten dafür stünden nicht schlecht, die Legalisierung von Cannabis in 30 Staaten habe eine Tür geöffnet.

Während die Microdosing-Bewegung unter jungen, gut verdienenden Leuten Fuß fasst, leiden die USA unter der schwersten Drogenmisere seit vielen Jahren, der *Opioid Crisis*. Die findet allerdings in einer völlig anderen, nämlich in der alten analogen Welt statt, und sie entstand ursprünglich durch die Gesundheitsindustrie, die über lange Zeit Schmerzmittel in Großpackungen und hohen Wirkstoffkonzentrationen auf den Markt warf. Im Jahr 1996 führte das Unternehmen Purdue Pharma ein opiumbasiertes Schmerzmittel mit dem Namen OxyContin ein. Das Medikament blockierte nicht nur körperliche Schmerzen, es machte auch, wie die Konsumenten schnell herausfanden, euphorisch und angstfrei, zumindest dann, wenn sie mehrere Kapseln aufschlitzten und ihren Inhalt zusammenschütteten. Die Ersten begannen, den Inhalt zu schniefen oder verdünnt zu spritzen. Diese Schmerzmittelsucht griff nicht wie andere Drogenepidemien in Metropolen um sich, in einer Subkultur, sondern in Kleinstädten, in dem heruntergekommenen alten Industriegürtel des Landes. Arbeiter und ehemalige Arbeiter nahmen OxyContin aus sehr ähnlichen Gründen zu sich wie englische Arbeiter zu Zeiten von Thomas de Quincey ihr Laudanum, als Universalmittel gegen Alltagsschmerzen. Zwischen dem Jahr 2000 und 2014 stieg die Zahl der Amerikaner, die an einer Opioid-Überdosis starben, um 137 Prozent. West Virginia, einer der am härtesten betroffenen Staaten, verzeichnete 2017 eine Todesrate durch Überdosen von 41,5 pro 100 000 Einwohner. Das übertrifft die Rate der Schusswaffentoten in vielen lateinamerikanischen Ländern.

Als die Behörden das Schmerzmittel strenger regulierten, seine Verschreibung erschwerten, stießen Heroinhändler in die Lücke. Mit ihrem Stoff unterboten sie außerdem den Preis der Schmerzkapseln. Nach William Burroughs, der nahezu alle Rauschsubstanzen durchstudierte, erzeugen nur Opioide eine wirkliche Sucht, und zwar so stark, dass sie das Gehirn zu einem Belohnungssystem ummodellieren, das sich immer schwerer sättigen lässt. Präsident Donald Trump erklärte die Opioidsucht zur nationalen Krise. Er beauftragte New Jerseys Gouverneur Chris Christie mit der Leitung einer Kommission, die den Kampf landesweit koordinieren soll. Für Christie handelt es sich um eine Bedrohung, die den Terrorismus weit übertrifft. Dafür benutzte er eine griffige Formel: »Wir haben alle drei Wochen Menschenverluste im Ausmaß von 9/11.«

Ein Bundesstaat nach dem anderen verklagte Purdue Pharma und ein halbes Dutzend anderer Firmen und Pharmavertriebe auf Schadensersatz. Es sei an der Zeit, sagte die Generalstaatsanwältin von Florida, Pam Bondi, im Mai 2018, »dass die Beschuldigten für den Schmerz und die Zerstörung bezahlen, die sie angerichtet haben«.

Das Vermögen der Sackler-Familie, Eigentümer von Purdue Pharma, beläuft sich auf etwa 13 Milliarden Dollar. Vermutlich dürfte in einigen Jahren viel davon in einen Ausgleichsfonds fließen.

In einem vergröberten Holzschnittbild erscheint Microdosing psychedelischer Stoffe als Substanzgebrauch der gesellschaftlichen Avantgarde und Overdosing von Opioiden als Praxis der weißen Industriearbeiternachhut und derjenigen, die noch weiter zurückgefallen sind.

Das eine betrifft eine Elite, das andere Massen, allerdings führt die massenhafte Sucht nicht wieder wie in der Vergangenheit zu einer allgemeinen Prohibitionshysterie. Wahrscheinlich demonstriert die *Opioid Crisis* Politikern aller Lager, wie sehr sich psychedelische Substanzen in ihrer Wirkung von Opioden unterscheiden. Jedenfalls greift niemand Pauls *Third Wave Movement* mit der Behauptung an, es stelle eine öffentliche Gefahr dar.

»Bedeutet Microdosing eigentlich, dass du ständig kleine Einheiten nimmst, so wie manche Leute jeden Tag Tee trinken?«

Das könne man tun, meint Paul, es gehöre aber nicht zwingend zum Konzept. »Auch wenn du Microdosing für eine Weile unterbrichst, bleibt die positive Wirkung.« Also die Fähigkeit, seine Energie auf einen Punkt zu richten. Die bessere Verbindung mit der Welt.

Tatsächlich wirkt Paul sehr konzentriert, fast schon überpräzise verdrahtet, ihm genügt schon ein Halbsatz, um zu wissen, worauf eine Frage hinausläuft. In seinen Antworten gibt es keine Ungeduld, keine Wiederholungsschleifen, keinen Stolperer oder Versprecher, wahrscheinlich könnte er stundenlang lächelnd weitermachen.

Wer möchte nicht ein Zehntelgramm Wirkstoff nehmen, wenn er dadurch ein bisschen wie Paul werden kann?

6

HALBGÖTTER

UNTER DIE HAUT

I wasn't originally going to get a brain transplant,
but then I changed my mind. Is that funny? Why?
FRAGE AUS DEM TURING-TEST

Am 24. August 1998 um vier Uhr nachmittags unterzog sich
der britische Kybernetikprofessor Kevin Warwick, damals
44 Jahre alt, einer Operation. Der Chirurg George Boulous
betäubte in der Tilehurst Surgery Klinik von Reading den
Unterarm seines Patienten lokal und plazierte einen Silizi-
umchip unter seine Haut. Mit dem elektronischen Teil in
seinem Körper konnte Warwick von diesem Tag an in seinem Haus Türen öffnen, Licht ein- und ausschalten und die
Heizung regulieren, ohne einen Türknopf oder einen Schal-
ter zu berühren. Sein Körper hatte sich eine neue Fähigkeit
im Wortsinn einverleibt. Viele, die davon hörten, hielten das
Experiment des Wissenschaftlers der Universität Reading
für eine Spielerei. Für die Anhänger der transhumanen Bewegung setzte Kevin Warwick damals zum großen Sprung
an. Er verwandelte sich an einem Nachmittag zum weltweit
ersten Cyborg – zu einer Schnittstelle zwischen Mensch und
Maschine. Der Maschinenanteil nahm nur einen winzigen

Platz in seinem Körper ein, und er erlaubte ihm auch nichts, was nicht jeder Mensch auch mit seinem Finger am Lichtschalter hätte erledigen können. Aber darum ging es ihm nicht. Er wollte die biologische Grenze seines Körpers übertreten. Das versuchen Menschen seit vielen Jahrhunderten, vor allem benutzen sie dabei natürliche und später synthetische Substanzen. Warwicks Pioniertat bestand darin, einen neuen Weg zu diesem alten Ziel zu nehmen.

Der Professor arbeitet heute an der Universität von Coventry. Auf eine Gesprächsbitte reagiert er nicht besonders gnädig. Was daran liegt, dass er einerseits schon sehr oft nach seinem Gerät gefragt wurde, das er immer noch unter der Haut trägt. Außerdem möchte er seine knappe Zeit am liebsten auf die Forschung zur künstlichen Intelligenz verwenden. Auf dem Gebiet zählt er zu den weltweit führenden Kapazitäten.

Dann lässt er sich doch auf ein Gespräch per Mail ein.

AW: »Stimmt es eigentlich, dass du der weltweit erste Mensch mit einer Mensch/Maschine-Schnittstelle warst?«

KW: »Nun«, antwortet er, »ich glaube, es gab eine Menge solcher Verbindungen aus therapeutischen Zwecken, zum Beispiel Cochlea-Implantate für Hörgeschädigte, künstliche Hüften und Herzschrittmacher. Aber du hast wahrscheinlich Recht, wenn es um den Versuch geht, den menschlichen Körper zu verbessern. Im August 1998 ist mir ein Radio Frequency Identification Chip in meinen linken Arm eingepflanzt worden (das ist gut dokumentiert). Mit dessen Hilfe öffnete der Computer in meinem Haus Türen für mich, machte das Licht an und sagte mir Hallo, wenn ich nach Hause kam. Ich bin sicherlich ein Pionier dieser Technologie gewesen.«

AW: »Würdest du dich als Vater der Biohacking-Bewegung bezeichnen?«

KW: »Wir sprechen hier über Biohacking im Sinn von Biotechnologie-Kombinationen und Implantaten. Alles, was ich versucht habe, ist die Ausführung von einigen Experimenten, um sowohl nach Verbesserung des Körpers als auch nach Technologie zu suchen. Das war für mich eine extrem aufregende Zeit, wie das eben ist, wenn man der Erste ist, der etwas probiert und sich nicht sicher sein kann, was dabei herauskommt. Was den Begriff Vaterfigur angeht, angesichts der Experimente, die heute stattfinden und die hochspannend sind: Ich fühle mich sehr geehrt, wenn ich diese Frage gestellt bekomme.«

AW: »Einige verstehen Biohacking als Einsatz technischer Mittel, um den Körper zu verbessern, andere nehmen chemische Substanzen für den gleichen Zweck. Manche kombinieren beides. Was hältst du davon? Hast du auch mit psychedelischen Mitteln experimentiert?«

KW: »Ich bin eher in dem Mensch-Maschine-Lager. Trotzdem war eine meiner Inspirationen sicherlich Robert Louis Stevensons Geschichte von Jekyll und Hyde, die definitiv zum anderen Lager gehört. Aber ich habe selbst nichts ausprobiert – vielleicht gerade wegen der Dinge, die in Jekyll und Hyde passieren.«

(In Stevensons Geschichte verwandelt sich der Chemiker Jekyll durch ein selbstgebrautes Serum in den bösartigen und egomanischen Mister Hyde; Jekyll, der sich schließlich nicht mehr zurückverwandeln kann, weil das Serum seine Wirkung verliert, beendet sein oder vielmehr Hydes Leben. Stevenson schrieb die Erzählung nach Überlieferungen von Familienmitgliedern innerhalb weniger Tage unter dem

Einfluss von Drogen. Die Quellen schwanken zwischen Kokain und Ergotamin, der Vorstufe von LSD.)

AW: »Heute, am 30. April 2018 feiern wir den 25. Jahrestag des *World Wide Web*, also der Anwendung, die das Internet erst groß gemacht hat. Was glaubst du – ist Biohacking eine Technik, die auf einen kleinen Kreis beschränkt bleiben wird – oder wird es in einigen Jahren eine weltweite Auswirkung haben, ob als Mittel gegen Alzheimer, zur Lebensverlängerung oder einfach als Methode, Alltagsdinge schneller und besser zu erledigen?«

KW: »Ganz klar, das wird sich weltweit verbreiten, in dem Maß, wie es die Gesellschaft annimmt. Leute sind sehr glücklich mit Implantaten für therapeutische Zwecke. Das, womit wir es hier zu tun haben, sind Implantate zur Verbesserung und Steigerung von Körperfunktionen. Es hängt an einer Anwendung, die die Leute einfach haben müssen. Ich glaube, das wird die direkte Kommunikation von Gehirn zu Gehirn sein. Aber ich kann auch falsch liegen.«

AW: »Jenseits der Technik beschäftigt sich die wichtigste Frage in der Biohackingdiskussion mit den Folgen für die Gesellschaft. Was passiert, wenn der neue Mensch im 21. Jahrhundert doch erscheint, nicht durch ein Sozialexperiment, sondern durch individuelle Verbesserungen? Welche Folgen ergeben sich, falls irgendwann ein Teil der Bevölkerung mit weniger Schlaf auskommt, konzentrierter arbeiten kann, unbelästigt von größeren Krankheiten lebt und – das ist ja deine Idee – direkt aus dem Gehirn Verbindung mit Maschinen und anderen Menschen aufnehmen kann? Entsteht dann die Spezies Übermensch, englisch *Superman*? Was sagen die anderen dazu, die nicht dazugehören?«

KW: »Es stimmt, dass es eine ethische Debatte gibt. Aber

ich glaube, am Ende wird es für viele Leute einfach voran-
gehen wegen der Vorteile, die sie dadurch bekommen.
Trotzdem ist es ziemlich wahrscheinlich, dass sich die Gesellschaft spaltet, denn wir haben es hier tendentiell mit er-
heblichen intellektuellen Unterschieden zu tun. Das kann
zu ernsthaften Problemen führen. Aber darüber würde ich
mir nur Sorgen machen, wenn ich zu denen gehören würde,
die kein Upgrade für sich wollen.«[13]

Darin liegt eine historische Pointe. Seit Generationen versuchen Menschen auf ziemlich unvollkommene Weise, ihre
natürlichen Grenzen mit Drogen zu überqueren. Mit einem
zusätzlichen Element, nämlich der Technik, könnte es ihnen gelingen, jetzt zum ersten Mal dauerhaft in eine trans-
humane Welt zu wechseln.

Unter Biohacking verstehen verschiedene Mitglieder der
Szene unterschiedliche Dinge. Klassiker wie Kevin Warwick
ausschließlich eine Verbesserung durch Kombination von
Biologie und Technik. Andere wie der russisch-amerikanische Unternehmer Serge Faguet optimieren sich durch Substanzen, die sie sich nach dem Muster des *Third Wave Movement* zu einer fein orchestrierten chemischen Mischung
zusammenstellen. Faguet, in Russland geboren und erfolg-
reicher IT-Unternehmer nach seinem Studienabbruch in
Stanford, entschied sich, seine höchstpersönliche Mischung
ins Netz zu stellen. Seiner Rezeptsammlung gab er dort die
Überschrift: »Ich bin 32 und habe 200 000 Dollar für Biohacking ausgegeben. Bin ruhiger, dünner, extrovertierter,
gesünder und glücklicher geworden.« Seit dem Beginn seiner Selbstbehandlung, schreibt er, habe er 26 Prozent Kör-
perfett verloren, seinen Testosteronspiegel gesteigert, er
schlafe besser, sei ausgeglichen und habe großartigen Sex.

Neben Kraftsport, dem Schlucken von Hormonpräparaten und einem fett- und kohlenhydratarmen und entzündungshemmenden Speiseplan (Fisch, Avocados, grüner Tee) gehört zu seinem Programm die Einnahme des Wachhalters Modafinil, des Stimmungsstabilisierers Lithium und des Zufriedenmachers MDMA. Eine dritte Gruppe in der mittlerweile großen Bewegung der Menschenoptimierer nutzt beide Möglichkeiten. Bei ihnen vereinen sich die beiden Kristalle, die chemischen und die aus Silizium.

Es sind mehrere Dinge, die im Transhumanismus zusammenkommen, klassische, auf neue Weise benutzte Drogen, injizierte Substanzen, von denen möglicherweise neue, auf Gentechnik basierte Varianten entstehen, ständige Implantate und drittens – diese Möglichkeit bietet wahrscheinlich mehr als alle anderen zusammen – der Anschluss an die kommende künstliche Intelligenz.

Um mit den Erbinformationen zu beginnen: Welche Möglichkeiten die Gentechnik bietet, beschrieb die ehemalige DDR-Spitzensportlerin Ines Geipel schon 2008 in ihrem Buch *No Limit*. Die Ära des Gen-Dopings, stellte sie damals fest, habe längst begonnen. Was aus ihrer Sicht nichts anderes bedeutet als das Ende aller Dopingkontrollen. Denn das Einfügen neuer Gensequenzen zur Körperoptimierung sei kaum noch nachweisbar. Geipel gehört virtuell immer noch zu den deutschen Leichtathletik-Rekordhalterinnen. Am 2. Juni 1984 lief sie mit ihren drei Teamkolleginnen in Erfurt die 4 x 100 Meter-Staffel in 42 Sekunden. Es ist bis heute die schnellste Zeit, in der je eine Vereinsstaffel diese Disziplin lief. Virtuelle Rekordhalterin deshalb, weil sie die Streichung ihres Namens aus der Bestenliste des Leichtathletikverbandes durchsetzte, da ihre Leistung durch Betrug zustande gekommen sei, durch massive Verabreichung unterstützender Mittel. Möglicherweise entsteht in den nächsten Jahren eine neue Drogengeneration nach dem Muster des Gendopings, das vermutlich schon zur geheimen Praxis des einen oder anderen Sportverbandes gehört. Eingeschleuste Genschnipsel unterscheiden sich vor allem in einem Punkt von chemischen Substanzen wie dem Muskelaufbaupräparat Oral-Turinabol, das Geipel damals bekam, oder von beliebigen anderen psychotropen Substanzen. Durch das Feilen an den Genen bietet sich zum ersten Mal die Chance auf eine höchstpersönliche Droge, entworfen für die Bedürfnisse eines einzelnen von sieben Milliarden Menschen. Verknüpfen Avantgardisten der *Transhumans*-Bewegung außerdem noch eine andere sehr individuelle Struktur – nämlich das Gehirn – mit den Fähigkeiten der Informationstechnologie, dann hätte endlich jeder die Chance, aus der Spezies Mensch auszutreten, um seine eigene Schöpfung zu werden. Für ein transhumanes Manifest genügt in Prinzip der Satz: »Die Menschen haben nichts zu verlieren als die Ketten ihrer ererbten DNA.«

Der Berliner Fotograf Hannes Wiedemann trägt keine Implantate in seinem Körper. Auch kein Piercing. Das spricht für seine Qualität als Chronist. Nichts von dem, was er über Monate in der amerikanischen Biohackerszene sah und fotografierte, färbte auf ihn ab. Es gibt viele *Transhumans*, die sich in internationalen Foren verständigen und zu eigenen Festivals mit hobbychirurgischem Begleitprogramm treffen. Beobachter aus der Nähe, die nicht selbst dazugehören wollen, trifft man selten. Im Jahr 2015 las Wiedemann im Web über die Szene der *Grinder*, wie sich viele Biohacker selbst nennen. Der Begriff stammt aus der seit 2007 er-

scheinenden Comic-Serie *Doktor Sleepless* von Warren Ellis; in ihren Folgen nimmt eine Untergrundkultur namens
»Grinders« Operationen vor, die durch Aufschlitzen und
Implantieren Mensch/Maschinen-Schnittstellen schaffen;
ihre Mitglieder benutzen phantastische Drogen und bauen
eine halluzinogene Biowaffe. Als Inspirationsquelle von Ellis dienten die Cthulhu-Geschichten von H. P. Lovecraft, in
gewisser Weise auch Thomas Pynchons *Die Enden der Para-
bel* und die kalifornische Technikkultur der Nulljahre.

Über seinen Plan, in der *Grinder-Szene* zu fotografieren,
sagt Wiedemann, habe er sich mit seinem Professor an der
Kunsthochschule zerstritten. »Er meinte, das sei unfotogra-
fierbar, die Bilder würden nur eine Patina zeigen und nicht
die Sache selbst.« Wobei der Ausdruck »Patina« seltsam an-
mutet für ein Alienphänomen, das noch in seiner Brutphase
steckt. Der Kunststudent unterbrach jedenfalls sein Studium und zog los.

Hannes Wiedemanns Gesicht, darin liegt angesichts des
Themas eine Pointe, erinnert ein wenig an computergene-
rierte Züge, gemischt aus beiden Geschlechtern. Symme-
trisch mit kantigen Konturen, ziemlich androgyn durch die
dichten Wimpern und ausgeprägten Wangenknochen, und
andererseits jungenhaft durch den dunklen Bartschatten
über dem Mund. Bei dem Treffen in einem Berliner Restaurant mit extragesundem Essen trägt er Jeans und ein schwarzes T-Shirt, das eng an seinem sehr schmalen Körper sitzt.
Es sei nicht ganz einfach, sagt er, Kontakt zu der *Grinder-
Szene* aufzunehmen. Nicht, weil sie sich vorsätzlich ab-
schotten würde, sondern weil ihre Mitglieder, die in ihrer
Mission aufgingen, nicht unbedingt die zuverlässigsten Mail-
beantworter und Zurückrufer wären. Nach vielen geduldi-

gen Kontaktversuchen nahm Wiedemann 2015 erfolgreich Verbindung auf. Und bekam, als er die Ignoranzgrenze einmal überwunden hatte, mit seiner Kamera einen ungehinderten Zugang zu einem Ort wie aus einer *Doktor Sleepless*-Folge. Die Szenen, die er fotografierte, fanden in einem Haus mit dazugehöriger Garage in Bakersfield, Kalifornien, statt, nördlich von Los Angeles. Zu solchen Treffen, sagt Wiedeman, kämen üblicherweise die Berühmtheiten der Bewegungen, die weniger Berühmten und natürlich Neulinge. Das Ganze müsse man sich vorstellen wie eine Mischung aus Kongress, Party und Operationssaal.

»Gab es dort Türsteher? Brauchtest du ein Erkennungszeichen, um in das Haus zu kommen?«

»Ach was. Da kommt jeder rein. Es ist ja völlig legal, was dort passiert.«

Seine Fotos zeigen unter anderem, wie ein junger Mann, bekleidet mit Jeanshemd und Chirurgenhandschuhen, einem anderen jungen Mann kleine Kopfhörer in die Ohren implantiert. Auf anderen Bildern verschwindet gerade ein RIFD-Chip in einem frischen Schnitt am Unterarm. Die Operationen in der Garage seien von einem gelernten Krankenpfleger namens Jeffrey Tibbetts ausgeführt worden, einem Star der Szene. Das Schneiden und Wiederzunähen sei legal, nur nicht die Anästhesie. Ihre Schmerzen würden die Frischoperierten deshalb mit Ibuprofen aus der Apotheke dämpfen, der eine oder andere vielleicht auch mit Morphium. Nach Wiedemanns Schilderungen gibt es drei populäre Operationen. Zum einen die Implantation von kleinen Magneten in die Fingerkuppen, um Metall und elektromagnetische Felder zu spüren. Zweitens der Einbau kleiner Kopfhörer ins Ohr, auch von Empfangsgeräten an den Hinterkopf. Er habe einen *Grinder* kennengelernt, nicht 2015 in Bakersfield, sondern später, der sich einen Sender am Hinterkopf hatte anbringen lassen, um – die Sache klingt selbst für moderne Ethnologen etwas seltsam –, die Frequenz eines Twitterfeeds zu Donald Trump als eine Art Morsebotschaften aufzunehmen. Steigen die Twitteraktivitäten dort, dann trommeln akustische Signale direkt in den Schädelknochen hinein und von dort in die Ohren. Um den Inhalt der Nachrichten mitzubekommen, muss er sie allerdings noch ganz konventionell lesen. Die dritte der üblichen OPs ist der Einsatz von RIFD-Chips unter der Haut.

Wozu das Ganze? Wer an Twittermeldungen interessiert ist, kann auch gleich auf das Display seines Mobiltelefons schauen. Niemand muss sich, um besser zu hören, einen Kopfhörer fest ins Ohr tackern lassen. Jeder kann Lichtschalter auch einfach mit dem Finger bedienen. Vor mehr als zehn Jahren ließ sich Tim Cannon, eine der Celebrities der *Grinder*, in einem Hotelzimmer in Essen ein selbstgebasteltes Gerät namens »Circadia« in den Unterarm einnähen, um es dem Publikum eines deutschen Transhumanistenkongresses vorzuführen. Die einzige Funktion des Bauteils besteht darin, ständig seine Körpertemperatur zu messen und an einen Rechner zu senden. Auf Fotos, die Cannon in seinem Facebook-Account veröffentlichte, sieht man eine große Schwellung mit ungefähr rechteckigen Umrissen auf der Innenseite seines Unterarms. Circadia besitzt die Größe eines Mobiltelefons. Ein Fieberthermometer für 99 Cent erledigt das auch.

Wozu also?

Die *Grinder*, sagt Wiedemann, würden sich als Pioniere verstehen, als Grundlagenforscher, die in ihren improvisierten OP-Räumen erst einmal Basiserkenntnisse sammeln, vor allem zu zwei Fragen: Erstens, wie lässt sich ein elektronisches Gerät isolieren, wenn es in den biologischen Morast eingebettet wird? Es braucht einen Schutz gegen die Feuchtigkeit der Umgebung. Das zweite bisher noch nicht befriedigend gelöste Problem besteht in der Stromversorgung. Die Energie kommt bisher aus Batterien, deshalb können die Körperverbesserer ein regelmäßiges Aufschneiden, Wechsel und Wiederzunähen noch nicht vermeiden. Das dürfte sich allerdings in ziemlich kurzer Zeit durch ebenfalls eingepflanzte Kleinstkraftwerke ändern. Ein Forscherteam der Fudan University Shanghai stellte im Jahr 2017 eine Faser mit einem Durchmesser von weniger als einem Millimeter vor, die aus Carbon-Nanoröhrchen besteht, schlangenartig um einen Polymerkern gewickelt, die aus der Blutströmung in den Adern elektrische Energie gewinnen. Im nächsten Jahrzehnt, so lautet die Prognose der Biohacker, finden technische Lösungen für das Isolations- und Energieversorgungsproblem mit dem Fortschritt der Informationstechnologie zusammen, es stehen dann Geräte zur Verfügung, mit denen *Transhumans* sich wacher, konzentrierter, effizienter machen, möglicherweise, wenn sich bestimmte Hirnareale anregen lassen, auch glücklicher. Die in die Biologie eingewebte Technik würde dann viel präziser das garantieren, was die »alten« Menschen noch mit diversen Substanzen zustande bringen mussten, ob im Sport mit Doping oder zur allgemeinen Befriedigung mit Chemie. Die Pioniere, die sich jetzt noch auf dem schmerzhaften Treck befinden und sich klobige Temperaturfühler einnähen lassen, wären nach diesem Entwurf die ersten Siedler einer neuen Welt.

Der Fehler aller gescheiterten Schöpfer des *Homo novus*

bestand möglicherweise darin, dass sie ihn als Kollektiv sahen und zwangsweise schaffen wollten. Wahrscheinlich entsteht er stattdessen individuell als *Homo semi-deus*. Es gibt keinen Zwang; bei der Mitgliedschaft im Club der neuen Spezies handelt es sich um eine Selbstbelohnung.

Eigentlich, findet Hannes Wiedemann, der Beobachter, sei das Schnippeln und Zunähen bei den klassischen *Grindern* etwas grobmotorisch, verglichen mit dem, was die avanciertesten Optimierungstechniker mit der Genschere anstellen.

Die Französin Emmanuelle Charpentier entwickelte 2012 eine revolutionäre Technik zum Schneiden von Gensequenzen. Heute arbeitet die Wissenschaftlerin am Berliner Max-Planck-Institut für Infektionsbiologie. Demnächst wird sie den Nobelpreis bekommen. Ihre Genschere hört auf den Namen CRISPR-Cas9, was ein wenig nach einer Fortsetzung von *Doktor Sleepless* klingt. Vermutlich handelt es sich um eine der folgenreichsten Erfindungen des frühen 21. Jahrhunderts. Sehr vereinfacht gesprochen folgt die Genschere einer von Bakterien abgeschauten Technik zur Abwehr von Viren, die darauf beruht, das Erbgut der Angreifer zu zerschneiden. CRISPR steht für »Clustered Regularly Interspaced Short Palindromic Repeats«, so heißt ein Abschnitt im Erbgut von Bakterien. Das eigentliche Schnittwerkzeug nennt sich Cas9, eine Endonuklease, also ein Enzym, das den DNA-Doppelstrang an einer bestimmten Stelle chemisch auftrennt. Befallen Viren den Körper, dann schneiden die Bakterien Stücke aus dem Virenerbgut heraus, um es in ihren CRISPR-Abschnitt einzufügen. Dort wird die Information umgeschrieben in eine sogenannte RNA, Ribonukleinsäure, die einfacher als DNA gebaut ist und ebenfalls als Informationsspeicher dient.

Das Zusammenspiel funktioniert als eine Art Zielprogrammierung für Gegenattacken, zu denen die Bakterien dann ansetzen. Wenn Viren erneut angreifen, erkennen die Bakterien das Erbgut der Viren, zerschneiden seine Stränge und zerstören damit den Erreger. Die Genschere macht es also möglich, den Erbinformationsstrang an einer vorbestimmten Stelle zu kappen und dort ein neues Stück DNA einzubauen. Bisher forschen Wissenschaftler weltweit an dem CRISPR-Cas9-Werkzeug. Offiziell findet kein routinemäßiger therapeutischer Einsatz am Menschen statt, denn die Genschere schneidet bisher noch nicht präzise genug. Ab und zu kommen Fehler vor.

Aber sobald es ein bei aller Gefährlichkeit verlockendes neues Instrument gibt – Messer, Gabel, Schere, Licht –, finden sich auch Bastler, die es im Heimlabor trotzdem die Hand nehmen und vorerst am eigenen Körper ausprobieren. Beim Zertrennen von DNA handelt es sich nur um die Basistechnik. Den Transhumanisten der Genetikabteilung geht es um die aufregende Möglichkeit, ihr eigenes Erbgut umzubauen, indem sie schneiden und im Copy-and-Paste-Verfahren neue Sequenzen einsetzen. Was nichts anderes bedeutet, als Fehler der menschlichen Grundausstattung auszumerzen. Es gibt Menschen, die besonders langlebig sind, mit besonders wenig Schlaf auskommen, die über ein ungewöhnlich gutes Immunsystem verfügen oder sich durch eine überdurchschnittliche Intelligenz auszeichnen. Dafür lassen sich möglicherweise genetische Grundlagen aufspüren. Wenn sie gefunden sind, könnte ein Optimierer sie sich – vielleicht – in den eigenen gewundenen Strang weben. Falls die frühere Sprinterin Ines Geipel mit ihrer Prognose richtig liegt, dann arbeiten Sportmediziner klandestin schon seit Jahren in diese Richtung. Damit würden Menschen den Halbgottweg von Li Tieguai nehmen, des sagenhaften Unsterblichen aus dem daoistischen China, der noch Laotses Pillen brauchte, um seine alte Körperhülle hinter sich zu lassen. Das heißt, nicht alle könnten das tun. Sondern nur *happy few experts* mit passenden Fähigkeiten und hinreichender Risikobereitschaft (wir erinnern uns, bei Li Tieguai ging etwas schief). Der Unternehmer und Selbstoptimierer Serge Faguet spricht in seinem Manifest mit einer gewissen Brutalität aus, wie Körperveränderungen zu neuen Gesellschaftsverhältnissen führen. »Ich glaube, was wir beim Biohacking tun, bedeutet die Spaltung der Menschheit in getrennte Spezies: Die in ihren Möglichkeiten verstärkten Posthumans, die all diese Entscheidungen treffen (und die sehr wahrscheinlich aus den Tech-Communities des Silicon Valley und aus China kommen werden) – und ›einfache Humane‹, die (vielleicht) gut behandelt werden, aber nicht mehr wirklich bestimmen, was geschieht.«

Beim Hantieren mit der Genschere außerhalb der offiziellen Wissenschaft, meint Wiedemann, handele es sich nicht mehr um eine Massensubkultur wie die der *Grinder*, sondern die Arbeit einiger weniger hochspezialisierter Biologen, die das meiste in Heimarbeit erledigen. Der Punkt sei die Ausstattung; jeder, der die Technologie beherrsche, könne sich heute problemlos ein Genlabor in der Wohnung einrichten. »Es hat bei dem Equipment einen radikalen Preisverfall gegeben. Einen Starterkit bekommt man heute für 150 bis 200 Dollar.«

Was die reinen Möglichkeiten angeht, findet er die Erbgutschneiderei interessanter als die Garagen-OPs der *Grinder*. Die Genschere und ihre Konsequenzen, meint er, könnten in wenigen Jahren die gesamte Pharmaindustrie beseitigen, wie wir sie kennen, weil dann effizientere Mittel zur Verfügung stünden als Kapseln, Infusionen und Tabletten. Aus dem gleichen Grund blieben in dieser neuen Welt übrigens von der guten alten Drogenindustrie möglicherweise nur noch kleine Manufakturen für Liebhaber übrig. Allerdings würden die Heim-Genlabors für ihn, den Künstler, keine Bilder liefern.«Da gibt es eigentlich nichts mehr zu fotografieren, nur Typen mit Pipetten.«

Im großen Zyklus wiederholt sich die Drogengeschichte des späten 19. und frühen 20. Jahrhunderts. Wie die Substanzen damals stammen alle Ideen und Techniken der Transhumanisten ursprünglich aus der Medizin. Die tiefe Hirnstimulation nutzen einige wenige hochspezialisierte Neurologen seit Jahren, eine fest im Gehirn eingepflanzte Sonde, die Dauersignale sendet, um Parkinson und mit anderen Mitteln untherapierbare Depressionen zu bekämpfen. Cochlea-Implantate machen es Menschen möglich, trotz einer schweren Dysfunktion ihres Innenohrs etwas zu hören. Transkranielle Magnetstimulation, bei der ein Magnetfeld die Schläfenlappen anregt, zögert wahrscheinlich den Abbau der Gehirnleistung bei Dementen und Alzheimerkranken hinaus. Fest in den Körper eingebaute Blutzuckermessgeräte erleichtern Diabetikern das Leben. Mediziner hoffen vor allem in der Krebsbekämpfung auf Gentherapien, an denen beispielsweise das Fraunhofer Institut für Zellbiologie und Immunologie in Leipzig arbeitet; die klinische Forschung mit freiwilligen Versuchspersonen zielt darauf, Zellen des Immunsystems so abzurichten, dass sie gezielt Krebszellen attackieren und zerstören. In all diesen Fällen geht es darum, zu heilen, also Defekte auszugleichen. Hier verläuft die Demarkationslinie zwischen Medizin und den *Grindern, Transhumans, Enhancern*, welche Bezeichnung sie auch immer sich geben. Denn sie arbeiten an der Verbesserung gesunder Körper. Wobei: Der Versuch, den Körper effizienter zu machen, das trifft es genauer. Einige aus ihrer Bewegung experimentieren mit den Magnetspulen in der Hoffnung, ihre Konzentrationsfähigkeit zu steigern, vielleicht auch kombiniert mit Mikrodosen von LSD oder MDMA. Den Gentechnikern, siehe oben, schwebt eine Neukalibrierung ihres alten Adamskörpers vor (die Szene ist übrigens sehr von Männern beherrscht). In Kalifornien und anderswo lassen sich auch Nichtdiabetiker Blutzuckermess-Sonden in den Oberarm basteln, um ihre Diät aus kohlenhydratarmem und entzündungshemmendem Essen besser kontrollieren zu können, das Gerät dient ihnen also als eingefleischtes Ermahnungszentrum, oder wie ein Alteuropäer sagen würde, als Über-Ich der Optimierung.

Auf der Webseite des amerikanischen Unternehmens Okion, das Biohackerbedarf vertreibt, heißt es: »Du möchtest durch moderne Wissenschaft besser leben, und du weißt, dass es Werkzeuge gibt, um dich zu mentalen Spitzenleistungen zu bringen. Du willst deine Arbeitsproduktivität maximieren, motiviert sein, um jeder Anstrengung die mentale Konzentration zu geben, die sie verdient, du möchtest schneller lesen, bessere Konversationen haben und in einer Weise wirken, wie du es niemals zuvor getan hast.«[14]

So, wie die moderne Drogenapotheke seinerzeit fast ausschließlich aus der Schweiz und Deutschland kam, gibt heute die angelsächsische und chinesische Welt den Takt auf dem Weg zum transformierten Menschen vor. Möglicherweise liegt das nicht nur an dem Vorsprung in der Informationstechnologie, sondern auch daran, dass Beschleunigung und Optimierung dort noch als Wert an sich gelten. Die Lage erinnert ein wenig an den illustrativen Witz über ein internationales Preisausschreiben für die beste Forschungsarbeit über Elefanten. Ein deutsches Autorenkollegium legt »Der Unterschied zwischen dem indischen und afrikanischen Elefant. Eine systematische Untersuchung« mit 4000 Seiten vor, der amerikanische Kollege ein 150-Seiten-Buch: »How To Breed Bigger And Better Elephants In Less Time«.

Wie in der frühen Chemie leben auch die Schöpfer von Mensch/Maschine-Schnittstellen und Genschneider im Zeitalter der Unschuld. In den Foren der *Transhumans* tauscht man sich über die neuesten Errungenschaften aus und kaum über die Frage, wohin sie führen. Das spricht nicht unbedingt für moralische Stumpfheit, und vermutlich gehen die Pioniere der heutigen Bewegungen weniger naiv vor als der Erfinder des Heroins. Ein Kevin Warwick weiß, dass er grundsätzlichen Fragen begegnen wird, oder die Fragen ihm, je nachdem. Sie liegen allerdings noch hinter einer Nebelwand.

HAL

Die Enge des Bewußtseins ist eine sociale Forderung.

FRANZ KAFKA

Im Jahr 1996 ging der damals 19-jährige Bryan Johnson, ein Junge aus Provo, Utah, als Missionar der *Kirche Jesu Christi der Heiligen der Letzten Tage* nach Ecuador. Er sah aus, wie die sehr jungen mormonischen Botschafter aus dem innersten Amerika eben auszusehen pflegen, wenn sie in Länder aufbrechen, von denen sie vorher kaum gehört haben. Johnson trug einen Haarschnitt wie Figuren auf Norman-Rockwell-Gemälden, einen dunklen Anzug, weißes Hemd, dunkle Krawatte und ein Namensschild am Revers. Die Zeit in Mittelamerika nutzte er, um über letzte Dinge nachzudenken. Nach zwei Jahren flog er mit einem fertigen Lebensplan in die Vereinigten Staaten zurück. Statt Menschen auf ein Leben nach dem Tod vorzubereiten, würde er ihr irdisches Leben verbessern. Zu diesem Zweck nahm er sich vor, bis zu seinem 30. Geburtstag sehr viel Geld zu verdienen, so viel, um seine Ideen in völliger Unabhängigkeit zu verfolgen. Er vertrieb Mobiltelefone, stieg ins Immobiliengeschäft ein und gründete 2007 schließlich die Firma Braintree, ein

Bezahlsystem für E-Commerce-Firmen. Im September 2013 verkaufte er Braintree für 800 Millionen Dollar an PayPal. Damit begann Teil zwei seines Lebensplans. Ein Startkapital von 100 Millionen Dollar steckte Johnson 2014 in seinen Investmentfond OS, weitere 100 Millionen in das von ihm geschaffene Biotechnologieunternehmen Kernel. Mit OS kaufte er Beteiligungen an bisher 28 Unternehmen, die helfen sollen, ein »globales Immunsystem« herzustellen, das die Menschheit vor den kommenden Umbrüchen schützen soll. Mit Kernel, 2016 gegründet, verspricht der Millionär die Version eines besseren, intelligenteren, langlebigeren *Homo sapiens* zu entwickeln. Während die meisten noch nicht einmal wissen, dass eine Sintflut bevorsteht, besitzt Johnson schon den Entwurf der Arche bis hin zur Kabinenaufteilung. Vor kurzem schrieb er einen Text mit dem Titel »Ein Plan für die Menschheit«. Pläneschreiber mit Globalanspruch gibt es viele. Nur dürften die wenigsten schon den ersten Teil ihrer Erledigungsliste abgearbeitet haben, nämlich den, reich zu werden wie der Graf von Monte Christo.

Warum müssen sich die Menschen überhaupt beschleunigen und verbessern? Geduld. Niemand erklärt das so gut wie der Mann, der trotz seines Dreitagebarts auf vielen Fotos wie ein Junge aussieht, der sich darauf freut, endlich etwas Selbstgebasteltes vorführen zu können.

In seiner Branche gibt es durchaus führende Köpfe, die den Unterschied zwischen Mensch und Technik entweder nicht verstehen oder für klein halten. Für Bryan Johnson gilt das nicht. Er ist ein reflektierter, emphatischer und überaus freundlicher Mensch. Über die für ihn wichtigste Zeit, die Jahre seit 2014, schreibt er mir Folgendes:

»Hi Alexander,

Vor vier Jahren hatte sich alles für mich geändert. Ich habe mein Untermehmen Braintree verkauft, die Religion meiner Kindheit aufgegeben, ebenso meine 13-jährige Ehe, und ich bin nach einem Kampf mit einer erdrückenden Depression, der ein Jahrzehnt dauerte, wieder aufgetaucht. Von da an begann für mich eine Reise, in der es darum ging, mein Leben neu zu entwerfen.

Ich bin glücklich, mitteilen zu können, was seitdem in Arbeit, Leben und Liebe passiert ist.

1. Du weißt vielleicht von meiner jüngsten Firma Kernel; in dieser Woche hatte ich davon geschrieben, dass ich in meinen OS-Fonds über die letzten vier Jahre 100 Millionen Dollar investiert hatte. Nach meiner bescheidenen und parteiischen Meinung ist dieses Leidenschaftsprojekt eines der vielversprechendsten Biotechnologie-Portfolios der Welt. In seiner wirtschaftlichen Entwicklung gehört es zum obersten Zehntel der US-Unternehmen.

2. Im vergangenen Jahr habe ich einen ›Plan für die Menschheit‹ verfasst – ja, ernsthaft –, weil mich die Frage nach unserem kollektiven Schicksal beherrscht. Ich habe mehr als 82 Versuche gebraucht, um dieses Monster zu schreiben. Ich hoffe, du liest es, und ich würde mich freuen, deine Reaktionen zu hören.

3. Im März habe ich mich endlich mit dem Menschen verlobt, der mir am nächsten steht. Sie und ich, wir gleichen einander wie ein Ei dem anderen. Ich hätte mir nie vorstellen können, dass eine Beziehung so viel Glück hervorbringen kann, so viel Wertvolles.

Bis bald, Bryan.«

»Lieber Bryan, danke für deine sehr freundliche Mail. Wie ein Ei dem anderen – es gibt ein sehr schönes Wort von Thomas Bernhard: Lebensmensch.«

»Danke für die freundlichen Worte, Alexander. Ich freue mich darauf, mit dir in Verbindung zu bleiben.«[15]

So schreibt kein Übergeschnappter auf der Suche nach dem Übermenschen. Bis auf den Umstand, dass Bryan Johnsons finanzielle und intellektuelle Möglichkeiten hoch über dem Durchschnitt liegen, wirkt er weder besonders eitel noch verschroben.

Worauf läuft sein großer Plan hinaus?

Kernels Ziel besteht darin, im ersten Schritt die Grenzen der menschlichen Intelligenz durch die Implantation von Technik zu erweitern. Nach Johnsons Vorstellung sollen die technischen Helfer mit einem personalisierten Algorithmus arbeiten, der die Informationsspeicherung im Gehirn imitiert. Die erste Generation dieser Mensch/Maschinen-Fusionen gleicht nach dieser Strategie Mängel aus, etwa die neuronale Degeneration bei Alzheimerkranken, Dementen oder schlicht alternden Menschen. Wie immer in der Hirnforschung lässt sich von Defekten am besten lernen, wie etwas funktioniert.

Im zweiten Schritt profitieren dem Plan zufolge auch Gesunde; durch die Einnahme von Substanzen und technische Einbauten können sie mehr Wissen speichern und auf Ressourcen leichter zugreifen, sie erleben, wie angenehm es ist, im Gedächtnis nicht ewig nach abgespeichertem Wissen zu suchen zu müssen und Assoziationen schneller auffädeln zu können.

Der evolutionär wirklich bedeutsame Schritt besteht nach Bryan Johnson allerdings in der Verbindung von menschlicher und künstlicher Intelligenz, wobei die künstliche Intelligenz sich nach seinen und nicht nur seinen Prognosen schon in wenigen Jahren von allen Compterprogrammen unterscheiden wird, die wir kennen. *Artificial Intelligence*, AI, entsteht zwar durch den Fingerzeig des Menschen, so wie der Schöpfer auf Michelangelos Deckenbild der Sixtinischen Kapelle mit seinem Zeigefinger Adams Finger fast so nah kommt, dass der Geist überspringt. *Amo: volo ut sis, Ich liebe, ich will, dass du bist.*

Während Gott halbwegs wusste, was er tat – sich selbst kopieren, Herstellungsfehler inbegriffen –, reichen Softwareentwickler allerdings ihren Finger, um etwas zu schaffen, von dessen Gestalt sie nicht die geringste Ahnung haben. Ein Geschöpf, das ihnen gleicht, dürfte es kaum sein. Genau genommen finden in den AI-Unternehmen der Welt keine Schöpfungen statt, sondern Anrufungen.

Aber warum soll sich die Menschheit überhaupt in dieses Experiment stürzen? Ein Schlüsselbegriff in Johnsons Menschheitsplan lautet »Zukunftsanalphabeten«. Dazu gehören seiner Meinung 99 Prozent der Menschheit. Sie wissen nicht, was ihnen bevorsteht und was sie tun sollten, um als Art zu überdauern. Die Befreiung aus dieser selbstverschuldeten Ahnungslosigkeit hält Johnson für eine Mission von ähnlicher Größe wie die Überwindung des Analphabetismus im 18. Jahrhundert. Selbstoptimierung – oder, wie er es nennt, Bewusstseinserhöhung – ist für ihn keine individuelle Angelegenheit mehr, sondern eine historische Notwendigkeit.

»Um es klar zu sagen, meine Idee einer erhöhten Erkenntnisfähigkeit besteht nicht nur darin, das besser und schneller zu tun, was wir ohnehin schon tun«, schreibt er in seinem Menschheitsplan.»Meditation, Nahrungsergänzungen, Übungen, Selbsthilfeprogramme und Therapie, das sind alles nützliche Ansätze für eine Selbstverbesserung. Die nächste Ebene der Verbesserung muss ermöglicht werden durch bessere Mittel, die es uns erlauben, uns selbst *im großen Maßstab* zu verbessern. Ich bin ein großer Unterstützer der Idee, dass dies mit psychedelischen Mitteln und Entheogenen[16] getan werden sollte.«

Auf dieser Stufe seines Plans ähneln seine Ideen denen der Mikrodoser wie Paul Austin und seinen Anhängern des *Third Wave Movement* oder Serge Faguet. Darin sieht der Kernel-Gründer allerdings nur eine Zwischenstufe. Auf der nächsten Ebene soll sich der verbesserte Mensch mit der Informationstechnologie verbinden oder eigentlich mit ihr verschmelzen, um als Spezies nicht unter die Herrschaft der künstlichen Intelligenz zu geraten. Die Menschheit, so meint er, brauche eine »Co-Evolution«, um mithalten zu können.

»Wenn unser kognitives Potential mit einer Skala von eins bis zehn gemessen würde, dann liegen wir jetzt bei drei und sind kaum in der Lage, einen flüchtigen Blick auf die Vier zu erhaschen. Wir müssen die Ebene fünf oder sechs erreichen, um unsere Selbstzerstörung zu verhindern und uns ausreichend zu entwickeln, um andere existenzbedrohende Risiken zu neutralisieren.«[17]

Die Vorhersage, dass Computer die Herrschaft über uns übernehmen werden, ist fast so alt wie der Computer. Sie stammt von den Schöpfern der Maschine selbst, gewissermaßen als Hinweis auf dem Beipackzettel. Im Jahr 1951, als das erste, noch ziemlich unbeholfene Schachprogramm in den Test ging, gab Alan Turing die Prognose ab, Maschinen würden bald »unsere schwächlichen Kräfte überholen«. Alan Turing legte die theoretischen und praktischen Grundlagen der Computermoderne. Der Brite arbeitete mit den brillantesten Mathematikern und Kryptologen seiner Zeit abgeschirmt vom Geheimdienst in Bletchley Park unweit von London an dem ersten elektronischen Rechner der Welt. Die Maschine mit dem Namen Colossus knackte 1943 den als unüberwindbar geltenden Code des deutschen Enigma-Chiffrierapparates. Mit Enigma-codierten Funksprüchen dirigierte die Wehrmacht ihre U-Boot-Flotte, die mit dem Auftrag im Atlantik kreuzten, den Nachschub der Alliierten abzuschneiden. Colossus half, den Krieg gegen Hitler zu gewinnen. Der lochstreifengesteuerte Apparat konnte 5000 Zeichen pro Sekunde verarbeiten. Das genügte damals, um die Regeln des Spiels zu ändern.

Von Alan Turing stammt der Vorschlag, die Kräfte von intelligenten Maschinen mit einer psychologischen Versuchsanordnung zu messen, dem Turing-Test. Eine Jury stellt Fragen, wie man sie in einer normalen Kommunikation stellen würde, ohne zu wissen, ob sie es auf der anderen Seite mit einem Menschen oder einer Maschine zu tun hat. Normal heißt: auch doppelbödig, ironisch, mit schnellen Wendungen der Bedeutungsebenen, eben so, wie sich Studenten in Cambridge auf einer Cocktailparty unterhalten würden. Die Juroren des Turing-Tests sollen durch Intuition herausfinden, ob sie es mit einem humanen Gesprächspartner zu tun haben oder mit einem Programm, das einen Menschen täuschend echt imitiert. Sollten sie es nicht mehr schaffen, die Unterscheidung zu treffen: dann wäre ein neues Zeitalter angebrochen, das Maschinozän.

Im Team Turings in einer Baracke von Bletchley Park arbeitete Irving Good, ein hochtalentierter Mathematiker, der unter dem Namen Isadore Jacob Gudak geboren wurde. Er griff noch über Turings Vorhersage hinaus und fasste 1965 den kommenden Machtwechsel in einem Papier mit dem trockenen Titel »Spekulationen, die erste ultraintelligente Maschine betreffend« zusammen. An der Gültigkeit seiner Sätze hat sich bis heute nichts geändert.

»Definieren wir eine ultraintelligente Maschine als eine Maschine, die jede intellektuelle Aktivität eines Menschen übertreffen kann, unabhängig davon, wie schlau der Mensch ist. Da der Entwurf einer solchen Maschine zu diesen intellektuellen Aktivitäten gehört, könnte eine ultraintelligente Maschine bessere Maschinen entwerfen; es würde fraglos eine ›Intelligenzexplosion‹ stattfinden, die die menschliche Intelligenz weit hinter sich lässt. Diese ultraintelligente Maschine ist die letzte Erfindung, die der Mensch noch hervorzubringen braucht – vorausgesetzt, sie ist so entgegenkommend, uns mitzuteilen, wie man sie kontrolliert.«[18]

Seit den Tagen des ersten Schachprogramms verlief die Lernkurve der künstlichen Intelligenz erst sanft, dann steil und mächtig in stetiger Beschleunigung. Bis sich an einem Umschlagspunkt Quantität in Qualität verwandelte.

Lange galt als ausgemacht, dass Computer durch die rohe Rechenkraft Menschen im Schach schlagen können – aber eben nicht im Go-Spiel, das auf Intuition beruht. Genauso, wie sie Texte simpel zu übersetzen vermögen, aber nie Ironie und Sarkasmus erkennen, wie sie ganze Pixellandschaften bauen, aber keine ikonischen Fernsehserien schreiben, wie sie Wahrscheinlichkeiten beim Roulette berechnen, aber niemals Champions beim Poker austricksen. Auf dem Gebiet des reinen Rechnens, dieser Antithese zu Good vertrauten viele Intellektuelle ein halbes Jahrhundert lang, können Maschinen ihre Konstrukteure hinter sich lassen. In den Menschenbezirk der Kunst, der Eingebung, der doppelten und dreifachen Bedeutungsböden würden sie nie ernsthaft eindringen.

Das Gesetz der getrennten Reiche galt für etliche Jahre. Dann begann es zu wanken. Jetzt, in dieser Gegenwart, bricht es zusammen.

Vom 9. bis zum 15. März 2016 trat der Koreaner Lee Sedol, Nummer Zwei der Go-Weltrangliste, Inhaber von 18 internationalen Titeln, in Seoul gegen das von Google DeepMind entwickelte Programm AlphaGo an. Er verlor drei von vier Spielen gegen die Maschine. Die Begegnung ähnelte ein wenig dem ersten Judo-Sieg eines westlichen Kämpfers gegen einen Japaner im Jahr 1964. Die Judokas im Ursprungsland des Sports wussten, dass der Moment irgendwann kommen würde. Sie hofften nur, ihn nicht selbst erleben zu müssen.

Mittlerweile gibt es einen von Yahoo finanzierten Sprachprozessor, der Sarkasmus erkennt. Das Poker-Programm Libratus schlägt Profis in Texas hold'em. Ein AI-Programm des Allen Institute, University of Illinois, fabriziert selbständig neue Folgen der *Familie Feuerstein*. In mehreren Artikeln befassen sich die amerikanischen Rechtswissenschaftler Helen Norton und Toni Massaro mit der Frage, ob sich Programme der künstlichen Intelligenz auf den ersten Verfassungszusatz der USA berufen können, der die freie Rede schützt. Aus ihrer Sicht spricht viel dafür.

Möglicherweise pocht Eugene Goostman demnächst auf dieses Grundrecht. Bei dem Turing Test der *Royal Society* in London 2014 tauschte er Textbotschaften mit Jurymitgliedern aus, die entscheiden mussten, was für ein Wesen ihnen gegenübersaß, Mensch oder Maschine. Mit seinen teils dreisten, teils nicht unwitzigen und manchmal muffligen Bemerkungen überzeugte Goostman ein Drittel der Juroren davon, dass sie mit einem 13-jährigen jüdischen Jungen aus Odessa chatteten.

»Juror: Meine Lieblingsmusik ist zeitgenössischer Jazz. Was magst du?

Goostman: Um es kurz zu machen, ich HASSE Britnie (sic) Spears. Verglichen mit ihr ist jede andere Musik ok.

Juror: Spielst du ein Instrument?

Goostman: Ich bin unmusikalisch. Aber mein Meerschwein quiekt jeden Morgen Beethovens Ode an die Freude. Ich fürchte, unsere Nachbarn würden ihm gern die Kehle durchschneiden. Übrigens, kannst du mir etwas über deinen Beruf erzählen?

Juror: Ein Meerschwein? Bist du tierlieb?

Goostman: Ja. Ein nettes kleines Meerschwein. Kein nerviger Chat-Bot.«[19]

Bei Eugene handelt es sich in Wirklichkeit um ein selbständig vor sich hinschwatzendes Programm, das tatsächlich eine Art Persönlichkeit besitzt, nämlich die eines luziden 13-jährigen ukrainischen Jungen. Mehrere russische Programmierer schrieben den Algorithmus 2001. Seitdem perfektioniert er sich als lernendes System selbst. Der Transhumanismus-Pionier Kevin Warwick, damals Leiter des Turing-Tests in London, erklärte Goostman zum Durchbruch der künstlichen Intelligenz und zur Erfüllung von Turings Prophezeiung. AI-Skeptiker werden darauf hinweisen, dass Eugene noch einiges von der Weltherrschaft trennt. Skeptiker der menschlichen Intelligenz könnten antworten: Er kommt ja gerade in die Pubertät.

In Stanley Kubricks *2001: A Space Odyssey* übernimmt der Bordcomputer HAL unwiderruflich die Steuerung des Raumschiffs und schiebt die Besatzung sanft beiseite. Im Namen des usurpatorischen Rechners steckt ein gelehrter Witz. Der junge ungebärdige Prinz Hal spaziert in William Shakespeares *Henry IV* schon einmal mit der Krone seines sterbenden Vaters durchs Schloss.

An diesem Punkt, auf diese Pointe läuft Bryan Johnsons Menschheitsplan hinaus, steht die biologische Spezies mit ihrer DNA. Die »alten« Menschen müssen sich mit Chemie, mit Implantaten und vor allem mit einem festen Programm auf eine neue Evolutionsstufe retten, um überhaupt einen akzeptablen Fusionspartner für digitale Intelligenzen abzugeben, die übermorgen die Machtfrage stellen.

Transhumanisten wie Warwick und Johnson fordern nichts und drohen nicht, sie stellen aus ihrer Sicht nur eine Diagnose. Entweder trägt in Zukunft ein Kentaur aus Mensch und Technik die Krone, oder Maschinen tragen sie allein.

Die Biologie dankt ab, so oder so.

Der Ethnologe Claude Lévi-Strauss sah darin schon 1955 kein Drama, sondern einen Grund, mit den Schultern zu zucken. »Die Welt hat ohne den Menschen begonnen, und sie wird ohne ihn enden.«

EIN NUR TEILBEFRIEDIGTER LESER MÖCHTE ENDLICH ETWAS AN DEN AUTOR LOSWERDEN

TEILBEFRIEDIGTER LESER: Das ist ein Buch über hirnverändernde Substanzen. Wessen Hirne eigentlich? Die von Menschen seit Urzeiten. Und am Ende schreibst du die Menschen aus dem Skript wie eine auserzählte Serienfigur.

Das deprimiert deinen Leser. In Klammern, den Menschen.

A: Aber selbst, wenn alles so kommen sollte, was überhaupt nicht sicher ist – die Fusion des optimierten *Homo sapiens* mit der Technik –, dann würden die Menschen doch gar nicht ganz abtreten. Sie gehen nur in etwas Neuem auf. Es gibt Gewinne und Verluste.

TBL: Bist du jetzt nüchtern?

A: Absolut.

TBL: Entwerfen wir einmal den *Homo semi-deus* als Modell. Er nimmt Substanzen wie LSD, MDMA, Meskalin, Psilocybin, Methylphenidat oder noch ein paar andere Dinge in winzigen regelmäßigen Dosen, weil er viel besser über ihre Wirkung Bescheid weiß als die Hedonisten des 20. Jahrhunderts, die sich das Zeug einfach *galore* eingeworfen hatten. Dazu nimmt er oder sie bevorzugt Lebensmittel zu sich, die nicht zu viel Zucker, Salz, Kohlenhydrate und ungesättigte Fette enthalten, die keinen oxidativen Stress auslösen und gerade die richtige Vitaminmengen liefern.

Im Körper stecken ein paar Sensoren, die ständig Daten an einen Rechner senden, der die Gesundheit überwacht. Ein Implantat an den Schläfen steigert die Konzentration, eine biologisch/digitale Schnittstelle sendet Bilder und Texte bei Bedarf direkt auf die Netzhaut. Unser Halbgott kann 16 Stunden konzentriert durcharbeiten, charmant reden, ihm unterlaufen nur wenige Routinefehler, er kommt mit vier Stunden Schlaf aus, fängt sich kaum Infektionen ein, baut im Alter nur langsam Intelligenz ab und wird mit ein bisschen Glück im erträglichen Zustand über 100 Jahre alt.

Was hat dieser optimierte Mensch noch mit dem biologischen Menschen zu tun?

A: Wahrscheinlich so viel wie ein Metropolenbewohner mit Mobilfunkantenne im Ohr, Internetzugang und dem Schutzschild aus Schmerzmitteln und Antibiotika mit einem mittelalterlichen Menschen, der mit 40 alt war und sich gegen die Schmerzen Amulette umhängte.

Sie sind sehr enge Verwandte.

TBL: Ganz am Anfang erzählst du von Gorillas, die sich mit psychoaktiven Wurzeln berauschen, von uralten Drogenkulten und von einer daoistischen Legendengestalt aus dem 14. Jahrhundert, die amphetaminartige Pillen einwirft. Dein Buch endet mit sogenannten Transhumanisten, die begründen, dass wir bewusstseinsverändernde Substanzen und Implantate brauchen, um eine neue Evolutionsstufe zu erreichen, die wiederum nötig ist, um nicht alle Macht an Maschinen abgeben zu müssen.

Findest du nicht, dass du den Rauschmitteln ein bisschen zu geschmeidig einen höheren Zweck unterschiebst?

A: Ich gebe sofort zu, dass ich Hunderte Dinge weggelassen habe, die dagegen sprechen.

Andererseits, welche andere Erklärung gibt es dafür, dass Menschen zu allen Zeiten nach jeder geeigneten Substanz gegriffen haben, um an ihrem Sender zu drehen, wenn nicht den, dass es irgendeinen evolutionären Nutzen hat?

TBL: Ist das deine Antwort?

A: Nein. Eine wirklich offene Frage.

TBL: Ist es zynisch, wenn ein Superreicher über die Mensch-Maschinen-Fusion nachdenkt, solange Millionen Menschen so tief im analogen Elend stecken wie zu Olims Zeiten?

A: Nein. Es ist nicht zynisch. Vielleicht gehen verbesserte Menschen wirklich klüger mit den alten Problemen um. Niemand kann hinter den Vorhang schauen.

ZBL: Du überschätzt die Bedeutung der Drogen, in biologischer, kultureller und gesellschaftlicher Hinsicht.

A: Jeder Autor überschätzt die Bedeutung seines Themas. Ein Buch ist immer ein Zerrspiegel. Apropos, geschätzte Leser: Lasst die Finger besser von illegalen Substanzen. Und wie es schon auf den ersten Seiten heißt, für jeden Rausch ist ein Preis zu bezahlen.

TBL: Wo bleibt eigentlich der gute alte Rausch in dieser Evolutionsgeschichte? Transhumanisten mit Digitalwaage für ihre Mikrodosen sind ja wirklich das Gegenteil von Hedonisten.

A: Ja, traurig. Wie La Rochefoucauld sagte –
Hör mal, jeder ist selbst für seine Genussfähigkeit zuständig. Du kannst auch mit einem Kännchen grünem Tee Hedonist sein und dir mit einer guten Lyrikanthologie einen Rausch anlesen. Hedonismus ist nichts, was von außen zugeführt wird.

TBL: Ich hatte auch gar nicht vor, das zu bestreiten. Aber was ich mich frage angesichts deiner Verknüpfung von Bewusstseinsänderung und Optimierung, über welche Grenzen soll uns diese kommende Beschleunigung eigentlich führen? Michelangelo malte den fingerreichenden Gott an der Decke der Sixtinischen Kapelle, den du erwähnst, in vier Tagen, von der ersten Zeichnung auf den feuchten Putz bis zum letzten Pinselstrich. Samuel Johnson schrieb seinen Roman *Rasselas, der Prinz von Abessinien* in einer Woche, weil er dringend Geld für das Begräbnis seiner Mutter brauchte. Mozart komponierte das Vorspiel für *Don Giovanni* in der Nacht vor der Uraufführung der Oper. Keiner von ihnen tat das mit Amphetaminen und eingepflanzten Chips, und selbst mit den besten Hilfsmitteln hätten sie kaum schneller schöpfen können. Ein zweiter Samuel Johnson der evolutionären Endstufe wäre vielleicht nach vier Tagen mit seinem Text fertig; die meisten anderen sortieren im Transhumanismus eben ihre digitalen Fotos zehnmal schneller oder verbringen den Tag mit Cybersex. Für beide ändert die Optimierung herzlich wenig.

A: Völlig richtig. Nach diesem Muster kannst du dich durch die gesamte Menschheitsgeschichte argumentieren. *Impfungen ändern herzlich wenig. Penicillin ändert wenig. Büchner hatte mit 23 ein Lebenswerk fertig, und die meisten Leute fangen auch in ihrem medizinisch verlängerten Leben nichts Gescheites an.* Der Punkt besteht darin, dass die meisten Gebrauch von der Medizin machen, wenn es einen Vorteil verspricht. In den nächsten Jahrzehnten werden sehr viele sanft in den Transhumanismus gleiten, sobald sie es können.

TBL: Die Spekulation über die Zukunft nimmt nur einen kleinen Teil im Buch ein. Meist geht es um Vergangenheit und Gegenwart, um die Geschichte der Prohibition und den weltweiten Trend zur Entkriminalisierung. Aber du sagst nirgends, ob du die Freigabe aller Drogen für eine gute Idee hältst.

A: Das Buch ist kein Manifest. Für Manifeste aller Art braucht ein Autor übrigens immer nur ein paar Dutzend Seiten, weil ihm alles so erfreulich klar ist.

TBL: Jemand, der mit Usern, Polizisten und Dealern spricht, mit Antiprohibitionisten, einem LSD-Arzt und Mikrodosern, der bleibt doch unmöglich interesseloser Beobachter. Wo sollten diejenigen, die bewusstseinsverändernde Substanzen zu sich nehmen wollen, idealerweise ihre Ware kaufen? Auf die Frage läuft doch die Debatte hinaus.

A: In einer bestmöglichen Welt sollten sie ihr Cannabis, ihr MDMA oder was auch immer bei einem zertifizierten Händler in guter Qualität bekommen. Sie sollten sehr genau wissen, was in ihrem Körper passiert, vor allem sollten sie kleine selbstkontrollierte Mengen nehmen. Stoffe mit extrem starker Suchtwirkung würden User in dieser schönen Welt aus Einsicht meiden, denn es spricht viel dafür, dass meist diejenigen an die härtesten Stoffe geraten, die am schlechtesten damit umgehen können. Eine ideale Welt hätten wir, wenn jeder auf jede Droge aus freien Stücken verzichten könnte. William Burroughs, der fast jede Substanz in seinem Leben probiert hatte, meinte, dass sich die Opioide von allen anderen Rauschstoffen unterscheiden würden, weil sie das Gehirn tatsächlich zu einem Belohnungssystem umbauen, das sich nie befriedigen lässt. Bekanntlich schaffte es Burroughs, sich vom Heroin zu lösen. In seinen Aufzeichnungen kommt mehrfach in verschiedenen Varianten ein Satz vor, mit dem er sein Heroindasein in Tanger und anderswo beschreibt. »Ich schaute den ganzen Tag auf meine Fußspitzen.« Ihm taten am Ende seiner langen Drogenkarriere nicht die Gesundheitsschäden leid, sondern seine verlorene Zeit.

TBL: Du beschreibst Deutschland und speziell Berlin als unregulierten Drogensupermarkt. Jeder bekommt im Görlitzer Park ein Plastikhütchen mit dem Wunschstoff. Wie lautet dein praktischer Rat an einen 17-Jährigen?

A: Erst einmal die diversen Beipackzettel lesen. Am besten abwarten. Der Rausch läuft nicht weg.

TBL: Und die Prohibition sollte enden?

A: Nach meiner Beobachtung gibt es in Deutschland keine wirkliche Prohibition mehr, sondern nur noch Simulation. Das gilt auch für fast alle europäischen Länder. Ich bin auf keine Prohibitionspraxis gestoßen, weder in der Geschichte noch in der Gegenwart, in der eine Drogenunterdrückungspolitik jemals das Angebot der verbotenen Stoffe ernsthaft eingeschränkt hätte.
In der Straße, in der ich in Berlin wohne, gehört der Geruch von Dope zu langen Sommerabenden. Es ist keine Touristengegend. Es rauchen Familienväter auf dem Balkon und Angestellte vor ihrem Laden. Und wo welche Mengen an Amphetaminen genommen werden, lässt sich ziemlich genau durch Abwasseranalyen herausfinden. Schweizer Städte mit protestantischer Arbeitsethik liegen hier in Europa weit vorn. Würde sich daran etwas Grundstürzendes ändern, wenn die gesetzlichen Verbote fallen? Vermutlich nicht.

TBL: Es folgen also dialektische Stufen aufeinander; nach einer langen Zeit des instinktiven Drogengebrauchs und der historisch kurzen Prohibitionsära folgt jetzt ein Zeitalter der kontrollierten Einnahme von Substanzen. Ist das ein Fortschritt?

A: Das klingt nach Hegel, nicht wahr? »Die Weltge-
schichte ist der Fortschritt im Bewusstsein der Freiheit.« Der viel wichtigere Punkt besteht doch darin,
dass der Umgang mit Drogen wieder in eine andere
Richtung schwenkt. Es geschieht auch etwas völlig
Neues. Die Sucht, ins eigene Bewusstsein einzugreifen,
lässt sich mit einer Fusion von Mensch und Maschine
ganz anders befriedigen als durch alle Substanzen. Eine
Menschmaschine läuft möglicherweise auf eine Fusion
aus Belohnungssystem und Operationsgeschwindig-
keit hinaus. Darüber werden allerdings viel weniger
Debatten geführt als über den Umgang mit Cannabis.
Die Frage, ob du Substanzen ausprobieren willst oder
nicht, ist eine sehr milde, verglichen mit der Entscheidung, sich einen Chip einsetzen zu lassen. Trotz aller
Versuche, Pathos zu unterdrücken: Die Sache mit dem
Chip ist nicht nur die Frage der eigenen Freiheit.

TBL: Wenn es möglich ist, sich damit zu optimieren: Machst
du mit?

A: Aufschub. Ich wünsche mir für diese Antwort einen
Aufschub von zehn Jahren.

ANMERKUNGEN

1 Oliver Goldsmith: The Citizens of the World or Letters From A Chinese Philosopher

2 Alan, auch Malan genannt, ist nach dem Anthropologen James W. Fernandez die wichtigste Droge des Byeri-Kults der Fang. Daneben nennt er »eboka« – *Tabernanthe iboga*, eine psychedelische Pflanze, die das Zentralnervensystem stimuliert, und »beyama« – Cannabis.

3 »Instead of resting after working hard, recovery is substituted with playing hard, ›blowing off steam‹, and partying all night. This culture carries through to the internships, hackathons, crunch periods, and even the day-to-day work culture of tech startups and the gaming industry. As performance expectations rise, deadlines tighten, and 80-hour work weeks become the norm, stress and drug addiction rates in the Valley explode.«

4 »We will go with our axes on our shoulders and plough up the great deep, and then the ship of temperance shall sail gallantly over the land.«

5 »The Chinese are uncivilized, unclean, and filthy beyond all conception, without any of the higher domestic or social relations; lustful and sensual in their dispositions; every female is a prostitute of the basest order.«

6 »I promised my precious mother only a few days before she died that I would never use anything intoxicating as a beverage, and I consider the promise as binding today as it was the day I gave it.«

7 »In my jugdement such of us as have never fallen victims have
   been spared more by the absence of appetite than from any mental or moral superiority over those who have.«

8 »The Government is under no obligation to furnish the people
   with alcohol that is drinkable when the Constitution prohibits
   it,« said advocate Wayne B. Wheeler. »The person who drinks
   this industrial alcohol is a deliberate suicide... To root out a bad
   habit costs many lives and long years of effort ...«

9 Omaha Bee: »Must Uncle Sam guarantee safety first for souses?«

10 Grant in *Look* 1959: »My intention in taking LSD was to make
   myself happy. A man would be a fool to take something that
   didn't make him happy ... One day, after many weeks of LSD, my
   last defense crumbled. To my delight, I found I had a tough inner
   core of strength.«
   Zu seinen Erinnerungen kommen später noch Kommentare, in
   denen sich die Illegalisierungsdebatte in den USA spiegelt. Grant
   gab 1973 der *New York Times* ein Interview, in dem er etwas
   anders über LSD spricht. Marc Elliots *Cary Grant. A Biography*
   zitiert das Gespräch Grants mit dem Journalisten Guy Flatley:
   »Meine Absicht war, mich glücklich zu machen. Man wäre när-
   risch, etwas zu nehmen, was einen nicht glücklich macht. Ich
   habe es mit einer Gruppe von Männern genommen, einer von
   ihnen war Aldous Huxley. Wir haben ein bisschen Selbsttäu-
   schung betrieben, indem wir das Therapie nannten. Wir waren
   wahrhaftig daran interessiert herauszufinden, ob diese Chemikalie den Menschen helfen könnte. Ich empfand es als sehr er-
   leuchtendes Experiment, aber in gewisser Weise ist es wie beim
   Alkohol: ein Glas Brandy kann dein Leben retten, aber eine Flasche Brandy kann dich umbringen. Und das ist es, was damals
   passierte, als eine Menge junger Leute LSD genommen hatten,
   weshalb es nötig war, es zu illegalisieren. Ich würde heute nicht
   im Traum daran denken, LSD zu nehmen; ich brauch es heute
   nicht.«
   (»My intention was to make me happy. A man would be a fool to
   take something that didn't make him happy. I took it with a
   group of man, one od whom was Aldous Huxley. We deceived

ourselves by calling it therapy, but we were truly interested in how this chemical could help humanity.

I found a very enlightening experience, but it's like alcohol in one respect; a shot of brandy can save your life, but a bottle of brandy can kill you.

And that's what happened when a lot of young people started taking LSD, wich is why it became necessary to make it illegal. I wouldn't dream of taking LSD now, I don't need it now.«)

11 »The Nixon campaign in 1968, and the Nixon White House after that, had two enemies: the antiwar left and black people. You understand what I'm saying? We knew we couldn't make it illegal to be either against the war or black, but by getting the public to associate the hippies with marijuana and blacks with heroin, and then criminalizing both heavily, we could disrupt those communities. We could arrest their leaders, raid their homes, break up their meetings, and vilify them night after night on the evening news. Did we know we were lying about the drugs? Of course we did.«

12 Anthony Summers: *The Arrogance of Power: The Secret World of Richard Nixon*: »Two glasses of wine were quite enough to make him boisterous, just one more to grow bellicose or sentimental with a slurred speech.«

13 Konversation mit Kevin Warwick:
1. »As far as I found – you are the first person worldwide who created a human body/machine interface in 1998. Is this correct?« »Well I think there were lots of such connections before for therapy, such as cochlear implants, artificial hips and heart pacemakers. But in terms of looking at human enhancement I think you are probably correct. In August 1998 I had an RFID implant in my left arm (this is well documented) and with this in place the computer in my building opened doors for me, switched on lights and welcomed me to the building when I entered. So certainly I pioneered this new technology.«
2. »Would you see yourself as father of the biohacking movement?« »Well we are talking here of biohacking in the sense of biology-technology combinations and particularly implants. But all I

have tried to do is to carry out some scientific experiments to look at both enhancement and technology. As such it has for me been an extremely exciting time, when you are the first to try something out and can't be sure of what the results will be. As for being a father figure, seeing what experiments are being carried out now – which I think are very exciting in themselves – I feel that it's an honour for me when you even ask such a question.«

3. »The chapter about biohacking in my book is revolving chiefly around biohacking by the help of narcotic substances as MDMA and LSD in microdoses; proponents like Paul Austin or Serge Faguet see the method as general way of body and brain enhancement. Others tend to combine that with IT applications in the body. A third group describes body hacking as man/machine interface only. All have one thing in common: the desire to cross biological limits.How do you think about those discussions and tendencies? Have you ever had an interest in biohacking by psychedelic substances?«

»I am more of the man/machine interface camp. However one of my inspirations was certainly R. L. Stevenson's story of J & H, which is definitely of the other camp. But I have not tried anything like this myself – perhaps because of what happened in J & H!!«

4. »Today, by the way, we celebrate the 25. anniversary of the *world wide web*. Is biohacking in your eyes an application for a small circle of persons – or would you predict a worldwide impact in some years, be it as mitigation of Alzheimer Disease, reaching a higher life span or simply do everyday things faster and better?«

»Oh clearly this will become world wide as society adapts. People are very happy to have implants for therapy (and many do now), so what we are looking at here are implants for enhancement. It is simply a case of an important application that people simply must have. Personally I believe that to be direct brain to brain communication – but of course that's just my guess and I could be wrong.«

5. »The ethical debate around biohacking/ bio enhancement is: if

it allows some people to achieve as transhumans a higher intellectual performance, not by rising their IQ but by solving problems faster and working more stable – like a Tour de France participant is pedaling longer at his physical limit under influence of substances – will that lead to a sharper competition in the society that brings economy and science ahead, or will it split the society in those who can enhance their self by a great proportion an those who can't?«

»It is right that there is ethical debate but I believe that in the end it will simply go ahead for a lot of people because of the benefits. It is though very likely to split society because here we are looking at the possibility of intellectual differences of a considerable amount. Hence this could cause severe issues. I would only worry about it though if I was one of those who did not want to upgrade.«

14   »You want to live better through modern science and you know there are tools out there to get you to peak mental capacity. You want to maximize your work productivity, be motivated to give every workout the mental focus it deserves, read faster, have better conversations, and operate in a way you never have before.«

15   Konversation mit Bryan Johnson:
»Hi Alexander,
Four years ago, everything changed. I sold my company Braintree, left my childhood religion, ended a 13 year marriage, and emerged from a decade long bout with crushing depression.
From there, I began a journey to re-architect myself.
I'm excited to share what's happened since with work, life, and love.
1. While you may know about my latest company Kernel, this week I wrote about investing $ 100M via OS Fund over the past four years. In my humble and biased opinion, this passion project has since become one of the most promising biotech portfolios in the world and performance is in the top decile among U.S. firms.
2. For the past year, I've been writing A Plan for Humanity - yes, seriously – because I'm consumed with the fate of our collective future. I wrote over 82 drafts of this monster. I hope you'll read it,

and I would enjoy hearing your reactions.

3. Finally, in March I got engaged to my best friend. She and I are two peas in a pod. I never imagined that a relationship could produce this much happiness and value.

I'll be sending out emails every so often about human improvement, the future, and other interesting things. If you do not wish to receive these emails, you can unsubscribe below – no offense taken.

Until next time,

Bryan«

16 Der Begriff umfasst nicht nur psychedelische Substanzen im engen Sinn, sondern auch traditionelle spirituelle Substanzen wie Salbei (*Salvia Divinorum*).

17 »To be clear, my idea of up-leveling cognition is not merely about doing what we already do better, faster. This is not about taking a performance enhancer.

Meditation, supplements, exercise, education, self-help programs and therapy, are all useful starting points for self-improvement. The next level of improvement needs to be enabled by substantially better tools that allow us to improve ourselves by orders of magnitude. I'm a strong supporter of the work being done with psychedelics and entheogens.

If our cognitive potential were represented on a scale from 1–10, we're a 3 right now and can barely catch a glimpse of 4. We need to hit levels 5 and 6 in order to avoid destroying ourselves and become sufficiently advanced to neutralize other risks that threaten our existence.«

18 »Let an ultraintelligent machine be defined as a machine that can far surpass all the intellectual activities of any man however clever. Since the design of machines is one of these intellectual activities, an ultraintelligent machine could design even better machines; there would then unquestionably be an ›intelligence explosion,‹ and the intelligence of man would be left far behind. Thus the first ultraintelligent machine is the last invention that man need ever make provided that the machine is docile enough to tell us how to keep it under control.«

19 [15:46:05] Judge: My favourite music is contemporary Jazz, what
    do you prefer?
    [15:46:14] Eugene: To be short I'll only say that I HATE Britnie
    [sic] Spears. All other music is OK compared to her.
    [15:47:06] Judge: do you like to play any musical instruments
    [15:47:23] Eugene: I'm tone deaf, but my guinea pig likes to squeal
    Beethoven's Ode to Joy every morning. I suspect our neighbors
    want to cut his throat … Could you tell me about your job, by the
    way?
    [15:48:02] Judge: Guinea pig? Are you an animal lover
    [15:48:08] Eugene: Yeah. A nice little guinea pig. Not some
    annoying chatter bot.

GLOSSAR

ACID

Eine in den USA gängige Bezeichnung für LSD, abgeleitet von Lysergic acid diethylamide, der englischen Bezeichnung für LSD.

ALAN

Psychoaktive Wurzel der *Alchornea floribunda*, in der sich psychoaktive Alkaloide finden. In Westafrika wird der Strauch, beziehungsweise dessen Wurzel, als Alan bezeichnet. Alkaloide der *Alchornea floribunda* erzeugen Halluzinationen, machen euphorisch und regen die sexuelle Lust an. Beim Volk der Fang spielt Alan eine zentrale Rolle im Kult der Ahnenverehrung; die Halluzinationen sollen den Überlieferungen zufolge den Kontakt mit Vorfahren möglich machen.

AMPHETAMINE

Der aus Rumänien stammenden Chemiker Lazar Edeleanu stellte 1896 an der Humboldt-Universität das erste Amphetamin her. Die Pharmaziefirma Smith, Kline & French vertrieb den Stoff später als Medikament unter dem Namen Benzedrine gegen Müdigkeit und Konzentrationsstörungen.
Heute wird die Bezeichnung Amphetamine als Oberbegriff für zahlreiche synthetische Drogen verwendet.

AYAHUASCA

Auszug aus der Liane *Banisteriopsis caapi* unter Zugabe weiterer psychoaktiver Pflanzen. Der Trank, auch unter dem Namen Yagé bekannt, gehört zu den Entheogenen. Er wird seit Jahrhunderten als rituelle psychedelische Substanz von Völkern vom Amazonasbecken bis Venezuela benutzt. Ayahuasca wird fast immer in Gemeinschaft genossen, es steigert die Empfindsamkeit, besonders das Gehör. Bisweilen führt es zu Schweißausbrüchen und Erbrechen, deshalb wurde es von Naturvölkern auch als Mittel zur Reinigung von Parasiten geschätzt.

Seit den neunziger Jahren verwenden auch etliche Westler Ayahuasca. Bekannt war es außerhalb Südamerikas schon vorher. Eine Suchtwirkung ist nicht bekannt.

BENZODIAZEPINE

Medikamentengruppe, deren Prototyp 1960 erstmals von dem Baseler Pharmazieunternehmen Hoffmann-La Roche auf den Markt gebracht wurde. Benzodiazepine, kurz *Benzos* genannt, wirken beruhigend, schlaffördernd, krampflösend und leicht stimmungsaufhellend. Ihr Abhängigkeitspotential ist sehr hoch. Bei Dauergebrauch erhöht sich die Schwelle, ab der die gewünschte Wirkung eintritt. Nach Angaben der Deutschen Hauptstelle für Suchtfragen nehmen 10 bis 17 Prozent der Deutschen im Lauf eines Jahres zumindest ein Benzodiazepin-Präparat. Das am häufigsten in Deutschland verkaufte Medikament dieser Sorte ist Diazepam, das 1963 unter dem Namen Valium auf den Markt kam.

Ein großer Teil der schätzungsweise 1,5 Millionen Medikamentenabhängigen in der Bundesrepublik konsumiert Benzodiazepine.

BETELNUSS

Nuss der Betelpalme. Ihr Hauptalkaloid Arecolin wirkt appetitdämpfend und anregend. Ihr Konsum hat eine lange Tradition in Asien, ist aber auch in Europa bekannt. Georg Christoph Lichtenberg: »Wenn ich meine Betelnuss kaue, was geht es dich an?«

BRUGMANSIA

Brugmansia suaveolens, in Deutschland bekannt als Engelstrompete. Die kelchartigen Blüten der in Südamerika verbreiteten Pflanze enthalten die psychoaktiven Alkaloide Hyoscyamin und Scopolamin.

Bei einigen Pflanzen genügt schon das Riechen an Blüten für eine kurzzeitige euphorisierende Wirkung. Naturvölker nutzen die Blüten und Samen schon sehr lange rituell.
Im Internet kursieren Rezepte für einen Tee aus Engelstrompeten, der zu schweren Vergiftungen und im Extremfall zum Tod durch Atemlähmung führen kann.

CANNABIS

Cannabis sativa, Wild- und Kulturpflanze. Geschichte der Benutzung als Rauschmittel geht im chinesischen, indischen und arabischem Raum in antike Zeiten zurück.
Hauptwirkstoff ist Tetrahydrocannabinol (THC), eines von über 100 identifizierten Cannabinoiden. Mittlerweile wird Cannabis intensiv medizinisch genutzt. In 30 US-Bundesstaaten, Kanada, Uruguay und Portugal ist Cannabis legalisiert beziehungsweise entkriminalisiert.

CHEMS FRIENDLY

Code in Kontakt- beziehungsweise Sexplattformen, der signalisiert, dass jemand beim Sex gern Substanzen wie Poppers, G oder andere Mittel benutzen möchte.

CRYSTAL

Methamphetamin, 1896 in Japan als Medikament entwickelt, als Droge auch Meth, Kristl, Tina oder T genannt. Die höchsten Konsumraten gibt es nach Untersuchungen der Europäischen Drogenbeobachtungsstelle in Böhmen, Sachsen, Thüringen und Nordbayern, daher die in den Medien immer wieder auftauchende boulevardeske Bezeichnung *Kokain des Ostens*.

ERGOTAMIN

Das Hauptalkaloid des Mutterkornpilzes wurde 1918 von dem Baseler Sandoz-Chemiker Arthur Stoll zum ersten Mal isoliert und beschrieben. Wegen seiner stark gefäßzusammenziehenden Wirkung wurde es schon im Mittelalter als Medikament zur Geburtseinleitung benutzt. Sandoz stellte auf Basis von Ergotamin ein Geburtshilfemittel her. Der Wirkstoff eignet sich auch zur Bekämpfung von

Migräne und Cluster-Kopfschmerzen. Ergotamin ist der Grundstoff für die Synthese von LSD.

FAUSTAN

Internationaler Handelsname für Diazepam. Wurde in der DDR auch schwarz gehandelt und spielte im Drogenmix des Sozialismus eine größere Rolle, vor allem in Kombination mit Alkohol.

FENTANYL

Das 1960 entwickelte Opioid wird wegen seiner sehr starken und schnellen schmerzlindernden Wirkung vor allem in der Notfallmedizin eingesetzt. Es ist etwa 120 Mal so wirksam wie Morphium, das Abhängigkeitspotential sehr groß. Wird häufig zum Strecken von Heroin verwendet, aber auch leicht modifiziert direkt als Rauschmittel – vor allem die Varianten Methylfentanyl und Benzylfentanyl.

GBL

Gammabutyrolacton ($C_4H_6O_2$), abgekürzt GBL, auch G, Gina genannt. Die farblose Flüssigkeit wird in Europa von BASF für Industriezwecke hergestellt und dient *off label* als preisgünstige Sexdroge. Die unangenehm schmeckende Flüssigkeit – deshalb nicht pur, sondern meist mit Saft genommen – setzt im Körper Buttersäure frei, die wiederum die sexuelle Lust und Leistungsfähigkeit schon 20 Minuten nach der Einnahme steigert. Überdosierungen führen zur Ohnmacht. Deshalb wird GBL in der kriminellen Szene auch als so genannte K. o.-Tropfen benutzt – heimlich in ein Getränk gegeben, verursacht der Stoff bei den Opfern Ohnmacht und häufig einen anschließenden Gedächtnisverlust. GBL kann schon 12 Stunden nach der Einnahme im Körper nicht mehr nachgewiesen werden. Der Stoff ist legal.

HASCHISCH

Abgeleitet von dem arabischen Wort *hasis*, Gras. Gepresstes Harz aus weiblichen *Cannabis sativa*-Blüten. Die Rauschwirkung hängt vom THC-Gehalt ab.

HEROIN

1896 von dem Wuppertaler Pharmazeut und Bayer-Forscher Felix Hoffmann als Diacetylmorphin patentiert. Bayer vertrieb Heroin als Mittel gegen Schmerzen und Erkältungen bis Ende der zwanziger Jahre. Heroin ist mit Abstand für die meisten Drogentoten verantwortlich. Die Zahl der Abhängigen in Deutschland liegt mit 100 000 bis 110 000 relativ niedrig.

KETAMIN

1962 in den USA entwickeltes Narkose- und Schmerzmittel, das in der Human- und Tiermedizin eingesetzt wird. Als Rauschmittel führt es zu Halluzinationen und außerkörperlichen Wahrnehmungen.

Seit etwa 2010 wird Ketamin auch erfolgreich zur Behandlung von bi- und unipolaren Depressionen eingesetzt.

KNASTER

Die Bezeichnung für Hanfblüten mit Samen, die vor allem im 18. und 19. Jahrhundert in der Pfeife geraucht wurden, geht gleich auf mehrere Missverständnisse und Umformungen zurück. Der Name leitet sich ursprünglich von der Bezeichnung für hochwertigen Tabak ab, der früher in Rohrkörben transportiert wurde – spanisch Canastros. In der »Bayerischen Dorfzeitung« vom 12. März 1836 heißt es beispielsweise: »Der türkische Sultan raucht ruhig aus seiner russischen Pfeife seinen Knaster.«

Die eingedeutschte und verballhornte allgemeinen Bezeichnung Knaster wurde dann auch, und irgendwann überwiegend, für gerauchte Blüten des Nutzhanfs verwendet, weil die im Pfeifenkopf knackenden Hanfsamen den Namen lautmalerisch zu erklären schienen. Nutzhanf war bis ins 19. Jahrhundert weit verbreitet, fast alle Seile wurden aus der Pflanze gefertigt. Da sich bei dem Nutzanbau männliche und weibliche Pflanzen mischten, war der THC-Gehalt von Knaster im Vergleich zu heutigem Cannabis sehr gering. Er steigt erst durch das Sinsemilla-Zuchtverfahren, bei dem die männlichen Pflanzen vor der Bestäubung entfernt werden, und sich Kerne gar nicht erst bilden können.

KOKAIN

Die berauschende Wirkung von Cocablättern wurde von den indianischen Völkern Südamerikas schon lange vor der Entdeckung
durch die Europäer geschätzt. Der deutsche Chemiker Friedrich
Wilhelm Gaedicke isolierte 1855 das Kokain-Alkaloid aus den Blättern, das er Erythroxylin nannte. Albert Niemann promovierte 1860
in Göttingen »Über eine neue organische Base in Cocablättern« und
beschrieb die Herstellungsschritte des Kokains.
Der Stoff wurde lange vor allem zur Schmerzbekämpfung eingesetzt.

LAUDANUM

Bei seiner Reise nach Konstantinopel 1522 stieß der deutschschweizerische Arzt Theophrastus Bombastus von Hohenheim,
genannt Paracelsus, auf Opium, das als Rohopium aus der Blüte des
Schlafmohns schon seit antiken Zeiten im Orient und dem hellenischen Raum bekannt war. Er mixte Opium mit Wein, nannte die
Tinktur *Laudanum*, das Gelobte – und popularisierte sie als Universalmedizin gegen alle körperlichen und seelischen Leiden.

LSD

Lysergsäure-diäthylamid, ein aus Ergotamin gewonnenes Tartrat. Am
19. April 1943 von dem Baseler Sandoz-Forscher Albert Hofmann im
Selbstversuch erstmals getestet. Als Medikament vertrieb Sandoz die
Substanz unter der Bezeichnung LSD-25. In den sechziger Jahren
machte Timothy Leary LSD zur psychedelischen Massendroge; 1966
wurde der Stoff in den USA und anschließend in Europa und den
meisten anderen Ländern illegalisiert.
LSD erfährt heute eine Renaissance als Medikament zur Bekämpfung
von posttraumatischen Belastungen und Depressionen.

MDMA

Methylendioxy-N-methylamphetamin, Wirkstoff in Ecstasy, in der
Szene auch E oder Tesla genannt. Von dem Chemiker und Forscher
des Darmstädter Arzneimittelherstellers Merck, Anton Köllisch, 1912
entdeckt. MDMA wurde erst 1985 in den USA und 1986 in Deutschland verboten.

Auch bei Ecstasy zeigt sich der Trend zur Steigerung der Wirkstoff-konzentration, einige Pillen enthalten bis zu 300 Milligramm MDMA. Der Stoff hat kein Suchtpotential; wegen der starken Dehydrierung bei hohen Dosen, die User dazu bringt, in sehr kurzer Zeit extrem viel Wasser zu trinken, kommt es allerdings zu seltenen Todesfällen.

MUSKATNUSS
Enthält den psychedelischen Wirkstoff Myristicin, der in manchen Körpern zu MDMA verstoffwechselt werden kann. Das Kauen von Muskatnüssen hat eine lange Tradition im indischen und arabischen Raum, war aber auch in Europa verbreitet.

MESKALIN
Synthetisierte psychedelische Substanz des in Mexiko verbreiteten Peyote-Kaktus *Laphophora Williamsii*, erstmals isoliert durch den Chemiker Arthur Heffner 1897. Die Volkstradition des Peyote-Konsums in Mexiko geht weit in vorkolumbianische Zeiten zurück.

MORPHIN
Aus Opium 1804 isoliert von dem Paderborner Apotheker Friedrich Sertürner. Die Firma Merck vertrieb Morphium als schlafförderndes und schmerzstillendes Medikament ab 1827. Die Morphinsucht brei-tete sich in Europa und den USA schnell aus, in den USA besonders nach dem Bürgerkrieg, in dem der Stoff erstmals in großen Mengen zur Behandlung von Verwundeten eingesetzt wurde. Viele Soldaten blieben nach dem Krieg morphinabhängig, die Vereinigten Staaten erlebten ihre erste *Opioid Crisis*.
Das 1896 patentierte Heroin sollte ursprünglich die verbreitete Mor-phinsucht heilen – ein historischer Irrtum.

OPIATE
Oberbegriff für Drogen, aber auch Schmerzmittel auf Opiumbasis.

POPPERS
Amylnitrit, Medikament, das wegen seiner gefäßerweiternden Wir-kung bei Angina pectoris eingesetzt wurde. Die flüchtige Substanz

erzeugt, durch die Nase geschnüffelt, einen kurzen Rausch, der auch
den Sex intensiver macht. Von der schwulen Szene aus verbreitete
sich Poppers als Rauschmittel auch in der Techno-Kultur.

PSILOCYBIN

Psychedelische Substanz des Psilocybin-Pilzes, der im mexikanischen Hochland schon weit in der vorkolumbianischen Zeit als Mittel für religiöse Zeremonien und zur Heilung verwendet wurde. Der
LSD-Erfinder Albert Hofmann analysierte in Basel den Wirkstoff
und baute ihn synthetisch nach.
Psilocybin wird heute auch als alternatives Medikament zur Bekämpfung von Depressionen eingesetzt.

QUAALUDES

Methaqualon, in den fünfziger Jahren in den USA entwickeltes sedi-
atives Medikament mit hypnotischer Wirkung, das unter anderem
zur tiefen Muskelentspannung führt und unter dem Handelsnamen
Quaaludes vertrieben wurde. Als Rauschsubstanz unter dem Namen
ludes und sopers verwendet. Wer wissen will, wie Quaaludes als
Droge wirken, sollte sich die Szene in »The Wolfe of Wall Street« an-
schauen, in der Leonardo di Caprio im Ludes-Vollrausch auf dem
Bauch in sein Auto robbt.

RITALIN

Methylphenidat, 1944, in Basel zum ersten Mal synthetisiert von
Leandro Panizzon. Wird bis heute als verschreibungspflichtiges Medikament zur Konzentrationssteigerung vertrieben.

SOMA

Sagenhafte blaue Droge aus Indien, die William Burroughs in »Naked
Lunch« beschreibt – sie soll berauschen, aber nicht süchtig machen.
Existiert nur in literarischen Werken.

LITERATUR

Bowden, Mark: Killing Pablo. Die Jagd auf Pablo Escobar. Berlin: Berlin Verlag 2016

Burroughs, William S.: Naked Lunch. Die ursprüngliche Fassung. Reinbek: Rowohlt 2011

de Quincey, Thomas: Bekenntnisse eines englischen Opiumessers. Frankfurt: Insel 2009

Ellis, Warren: Doktor Sleepless. Rantoul/IL: Avatar Press 2008

Engels, Friedrich: Die Lage der arbeitenden Klasse in England. Berlin: Contumax/Sammlung Hofenberg 2017

Forel, Auguste: Hygiene der Nerven und des Geistes. In: Bibliothek der Gesundheitspflege, Bd. 9: Stuttgart: Ernst Heinrich Moritz 1920

Hofmann, Albert: LSD, mein Sorgenkind. Stuttgart: Klett-Cotta 2017

Hunker, Thomas: Diagnose »moralisch defekt«. Kastration, Sterilisation und Rassenhygiene im Dienst der Schweizer Sozialpolitik und Psychiatrie 1890–1970. Zürich: Orell Füssli 2003

Huxley, Aldous: Brave New World. New York/NY: Harper Perennial 2015

Leary, Timothy & Potter, Beverly: Change Your Brain. Berkeley/CA: Ronin Publishers 2000

Leary, Timothy & Potter, Beverly: The Politics of Psychopharmacology. Berkeley/CA: Ronin Publishing 2001

Lewin, Louis: Phantastika. Über berauschende, betäubende und erregende Genussmittel. Berlin 1924, Nachdruck Gerstenberg, Hildesheim 1973

Massaro, Toni & Norton, Helen: Siri-ously? Free Speech Rights and Artificial Intelligence. Chicago/IL: Northwest University Laws Review 2016

Perutz, Leo: Der Meister des jüngsten Tages. München: Albert Langen 1923

Samorini, Giorgini: Animals and Psychedelics. The Natural World an the Instinct to Alter Conciousness. South Paris/Maine: Park Street Press 2002 (Italienische Originalausgabe: »Animali che si drogano)

Sinclair, Andrew & Hofstadter, Richard: Prohibition. The Era of Excess. Whitefish/MT: Literary Licensing 2012

Talbot, Margaret: The Addicts Next Door. The New Yorker, June 5 & 12, 2017

Thomas, Evan: Richard Nixon – A Man Divided. München: Random House 2015

Wainwright, Tom: Narconomics. How To Run A Drug Cartel. New York/NY: Perseus Books 2016

Warwick, Kevin: I, Cyborg. Champaign/IL: University of Illinois Press 2004

Warwick, Kevin: QI. The Quest for Intelligence. London: Piatkus Books/Little Brown Book Group 2001.

Wasson, Gordon R.: The Wondrous Mushroom. Mycolatry in Meso-america. New York/NY: McGraw-Hill 1980. (Reprint by City Lights, 2012)

Zschokke, Heinrich: Die Branntweinpest. Eine Trauergeschichte zur Warnung und Lehre für Reich und Arm, Alt und Jung. Hamburg: Tredition Classics 2012

Sebastián Marincolo
HIGH
Das positive Potential
von Marihuana

Mit einem Vorwort von
Lester Grinspoon
E-Book basiert auf der
1. Auflage 2013 der Print-Ausgabe,
160 Seiten in der Print-Ausgabe
ISBN-epub 978-3-608-10567-4
€ 9,99 (D) / € 10,30 (A)

Vorurteilsfreie Auseinandersetzung mit einem Tabuthema

Kann ein High zu empathischem und intro-
spektivem Verstehen führen? Zu kreativen
Ideen und wertvollen Einsichten verhelfen?
Gar vorübergehend das episodische Gedächtnis
verbessern und die Fähigkeit, Muster zu erkennen?

»Ein überaus nützliches und wichtiges Buch.«
Lester Grinspoon